智能时代创新精益管理系列

精益经营与目标管理实战

新益为◎著

人 民 邮 电 出 版 社

北 京

图书在版编目（CIP）数据

精益经营与目标管理实战 / 新益为著. -- 北京：
人民邮电出版社，2022.1（2023.9重印）
（智能时代创新精益管理系列）
ISBN 978-7-115-57550-0

Ⅰ. ①精… Ⅱ. ①新… Ⅲ. ①企业经营管理 Ⅳ.
①F272.3

中国版本图书馆CIP数据核字(2021)第201817号

内 容 提 要

目前市场竞争愈发激烈，而精益经营可以降本增效，为企业赚取利润。在经历了快速的成长后，企业要持续生存，就必须在经营上多下功夫。本书分别介绍了精益经营的体系模型、精益经营的路径、精益经营的管理改善，以及非常重要的目标管理。其中，目标管理实施的步骤，又从项目准备、年度战略及战略地图制订、组织结构及拆解执行、经营目标分解与绩效指标、组织优化与设置、目标输出技巧、实施成果总结七个方面进行了详细论述。

本书结合实施操作中的可行方法，给出具体的解决方案，图文结合，便于阅读学习，适合创业者、企业中高层管理者阅读。

◆ 著　　　　 新益为
责任编辑　李士振
责任印制　彭志环

◆ 人民邮电出版社出版发行　　北京市丰台区成寿寺路 11 号
邮编　100164　电子邮件　315@ptpress.com.cn
网址　https://www.ptpress.com.cn
北京捷迅佳彩印刷有限公司印刷

◆ 开本：720×960　1/16
印张：16　　　　　　　 2022 年 1 月第 1 版
字数：268 千字　　　　 2023 年 9 月北京第 4 次印刷

定价：89.80 元

读者服务热线：**(010)81055296**　印装质量热线：**(010)81055316**
反盗版热线：**(010)81055315**
广告经营许可证：京东市监广登字 20170147 号

在国家大力倡导企业精益经营与可持续竞争的今天，企业要想赢得未来的市场，从愈发精细化竞争的市场中获得利润，并健康、持续经营，就必须做好精益经营和目标管理。面对瞬息万变的市场环境，如果不懂得精益经营，企业将举步维艰。

精益经营管理的不断改善、目标任务的分解与执行，强调以战略为纲领、以目标为导向、以岗位为落实点、以结果为标准，才能确保取得良好业绩。在实际工作层面，企业管理者往往容易陷入短视误区，即只看到眼前的盈亏状况，而忽视了长期目标；只看到部分问题，而无法关注全局。做好精益经营和目标管理工作，确保企业的相关操作规范化、流程化和标准化，是众多企业管理者亟待完成的重要事项。

基于此，本书通过精益经营管理体系、模型的重点介绍，展示完整的精益经营路径。同时重点讲述了目标管理的各个关键环节，如项目启动准备、年度战略及战略地图制订、组织架构及拆解执行、经营目标分解与绩效指标、组织优化与设置、目标输出技巧、实施成果总结等。讲述这些内容的过程中，本书详细介绍了当代企业在精益经营和目标管理实际操作中容易碰到的问题，并提供了解决问题的计划、方法、方案和各类工具。

本书有以下重要特点。

操作性强，极具实战价值，可以当作操作手册使用。本书内容全面、深入、细致，从企业精益经营和目标管理工作的各项具体目标出发，以环环相扣的方式阐述目标的设定、计划的制订、任务的分解、组织结构的调整等各个操作关键点，并提供一系列能够立刻上手使用的工具，切实满足了当代企业在激烈竞争环境中的需要。

环节划分精细，有参考价值。本书对当代企业基于精益经营理念的目标管理过程，进行了独到而精细的环节划分，介绍了目标管理战略设定、分解执行、具体输出、组织优化和成果总结等定量化、定性化的体系的建立方法。其中与操作事项相关的内容，本书既有明确的设计思路，又提供了简便的操作步骤，能直接用于目标管理过程中的各个重要节点。

模板适用范围广，极具借鉴性。本书针对生产制造、销售、服务等行业，提供了与目标管理相关的多类型模板，囊括战略、组织、部门、岗位、人员、事务流程、市场竞争等领域的相关管理工具，包括计划、方案、表格、目标责任书等。这些工具能即查即用，为企业管理团队在资源整合、计划安排、流程设计等工作难点上，提供及时而充分的帮助。

因此，本书非常适合当代企业内的各层级管理人员、有志于从事精益经营的人员及从事战略规划制订的人员学习和使用，也可作为企业管理咨询人员、高等院校相关专业师生和培训领域人员的理论参考用书。相信通过本书，更多企业能深刻把握精益经营和目标管理的底层逻辑联系，在实战中斩获属于组织和个人的新业绩、新荣誉、新未来。

新益为

2021 年 9 月

目录

第1章　精益经营的体系模型搭建策略

第 4 章　目标管理中的项目准备、年度战略及战略地图制定

第 5 章　目标管理中的组织结构及拆解执行

第 8 章　目标管理中的目标输出技巧

第 9 章　目标管理中如何总结实施成果

第1章

精益经营的体系模型搭建策略

精益经营体系的搭建，应贯穿企业经营的始终。管理者应制订针对本企业特点的精益经营模型策略，建立科学的管理体系。

1.1　精益经营的管理基础结构设计

精益经营，离不开强大的管理基础结构支撑。为此，管理者需事先做好设计，为精益经营做好应有的基础结构设计、角色定位、职责划分和任务明确准备。

1.1.1　组织目标与个人能力如何匹配

精益经营，应当在有效的组织目标指导下实施。通过经营的精益化，企业可逐步实现组织目标。为此，组织目标应当和员工的能力高度匹配。

个人能力和组织目标的关系密切，应积极坚持两者相互结合的原则，建立个人能力和组织目标的正相关关系。管理者要制定组织战略目标，使之体现客户需求、市场情况、技术发展等；同时，也要让员工清楚，在实现组织目标过程中，个人也要不断锻炼能力，逐渐向个人职业生涯的目标靠近。

过去，许多企业非常强调员工的努力奉献。但在精益经营时代，管理者不能过于片面强调这一点。相反，管理者应强调建立和实现组织目标与发挥个人能力的正相关关系。管理者需要帮助员工明确，通过精益经营实现组织目标后，有助于充分发挥自身的价值。类似的激励方法能使员工在企业中做出更大、更持久的贡献。

为了贯彻个人能力与组织目标相匹配的原则，企业不仅要建立两者的正相关关系，还要建立赏罚分明的制度，让所有员工看到，只要自己为组织目标付出努力，个人职业目标就能实现并获得回报。例如，提升奖惩制度的透明度、公开性，建立量化考核制度等，有助于让员工放下顾虑，将工作精力集中在个人能力发挥上，从而实现组织目标。

当个人能力与组织目标匹配后，在制定和实现组织目标的过程中，不同部门内的员工就会从自身和共同的利益出发，结合个人特点，提出建议。由此，管理者也将会洞察到如何确立、调整目标，应遵循哪些原则，才能更大限度地激发不同员工的能力。

1.1.2 管理者的角色定位

企业的精益经营体系的打造，离不开对管理者角色的准确定位。在前期调研阶段，企业应积极分析和统计，明确不同管理岗位员工的工作年限、年龄等因素的作用，并联系实际完成业务量，总结管理者的角色定位，明确招聘标准、培训内容和用工方式。这样才能保证管理队伍的稳定性，提高员工工作效率、降低招聘成本、提高精益经营收益。

图 1.1-1 所示为精益经营管理者的角色定位。

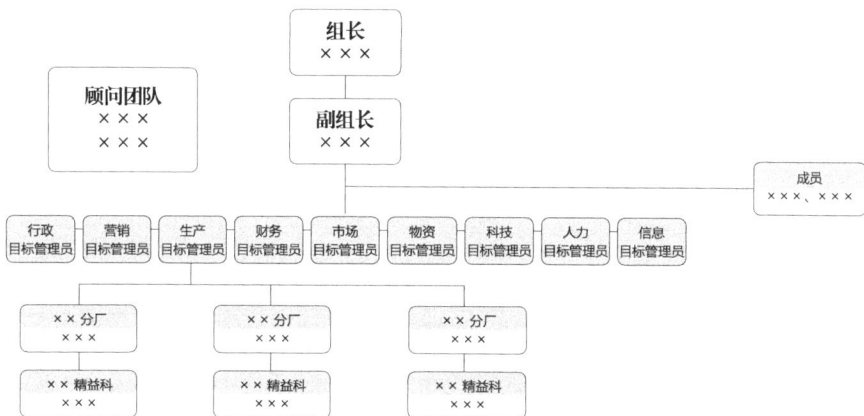

图 1.1-1 精益经营管理者的角色定位

精益经营管理者的角色定位如下。

1. 管理领导者

管理领导者主要包括组长、副组长角色，通常由企业总经理、副总经理等担任。管理领导者主要负责精益经营管理中的战略定位、规划、传达的领导工作，从整体上确保精益管理能遵循正确的战略，取得应有的成效。

2. 分工管理者

分工管理者主要包括行政目标、营销目标、生产目标、财务目标、市场目标、物资目标、科技目标、人力目标和信息目标等管理者。他们分别负责各部门的精益经营目标管理，通常由企业各部门经理等负责人担任。

3. 管理顾问团队

精益经营现场管理的顾问团队，由企业内外富于精益经营管理经验、熟悉精益经营现场的成员担任。其中顾问角色负责观察、调研精益经营现场，发现其中问题，提出针对性改进方法，以不断优化精益经营现场管理体系。

1.1.3　精益经营体系中的工作职责划分

工作职责划分，对企业精益经营体系的搭建有重要意义。在明确工作职责基础上，成立精益经营的领导和执行组织机构，可以形成一套完整的工作程序，能有效提升企业精益经营的绩效。

图 1.1-2 所示为精益经营体系中的工作职责划分。

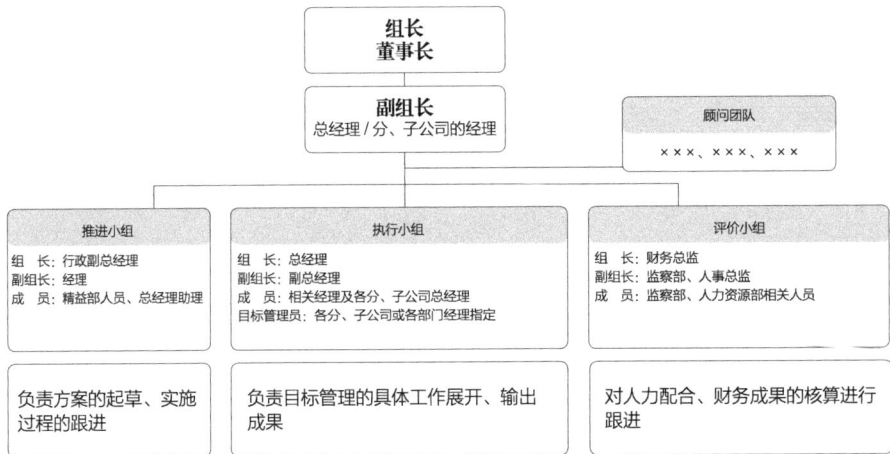

图 1.1-2　精益经营体系中的工作职责划分

在精益经营体系中，工作职责主要划分如下。

1. 组长、副组长

精益经营体系的组长通常由企业董事长担任，副组长通常由企业总经理或各分、子公司经理担任。其主要职责如下。

（1）全面负责企业精益经营的组织、协调工作，定期组织精益经营的推进会，研究精益经营推进工作中出现的新情况、新问题。

（2）负责对精益经营体系运行的实施方案、制度进行审批，对精益经营体系运行中各单位、部门、岗位之间的关系进行协调。

（3）负责精益经营项目的确定、审核、验收和评价工作。

（4）负责对精益经营项目的组织建设进行检查、考核和激励。

（5）负责解决企业精益经营工作中遇到的重大问题。

2. 推进小组

精益经营体系推进小组，通常由行政副总经理担任组长，经理担任副组长，精益部人员、总经理助理担任小组成员。

推进小组主要负责精益经营体系推进方案的起草、实施过程的跟进。其主要内容如下。

（1）审核精益经营实施方案，负责精益经营工作的组织和推进，协调解决实施过程中的各项问题。

（2）制订推进计划，按计划时间节点和工作要求，落实推进计划中的各项推进内容。

（3）组织企业内部的相关培训，指导、监督各单位实施内部培训。

3. 执行小组

精益经营体系执行小组，通常由总经理、副总经理分别担任组长、副组长，成员为相关经理、各分、子公司经理。具体的执行目标管理员，由各部门、各分、子公司或各部门经理指定。

执行小组主要负责精益经营体系的具体落地实施，包括精益经营体系中工作的展开、成果的输出等。

4. 评价小组

精益经营体系的评价小组，由财务总监担任组长，由监察部、人事总监担任副组长。评价小组主要负责对精益经营体系中的人力配合、财务成果的核算加以跟进。

1.1.4 精益经营体系中的工作任务明确

精益经营体系，既包括精益管理的推动实施，也包括对员工现场改善和标准化的培养、指导和管理流程，同时还包括企业各职能部门在学习应用精益思想后掌握的系统性方法。由于体系中的工作复杂，更需要划分和明确工作任务。

精益经营作为一种商业模式，它的本质为企业的任务体系。当新企业成立，或老企业面对新的商业项目时，为了实现盈利，就要构建或优化自己的商业模式。而当商业模式运转成熟，就会转化为企业日常任务体系，即成为实现企业目标的路径，也成为企业达成战略目标的手段。

在企业的任务体系框架中，任务板块直接承载企业的战略目标，任务结构则是明确划分不同任务，任务流程则是任务结构的承载主体。因此，精益经营战略体系的建立，有助于对任务板块加以思考，改变任务流程，进而重新明确工作任务。

1. 任务板块

任务板块，即企业经营的不同业务单元，是企业创造价值的核心内容，包括核心业务的组合及其关系。通过任务板块的操作，企业才能顺利实现盈利。

企业的盈利模式有很多种，这很可能带来大量任务板块。即使在同一行业，不同的企业也可采用完全不同的任务板块。即便企业只有一种业务，也可有不同的任务板块。例如，从事销售的企业可以有直销模式和分销模式的任务板块。对同一个企业而言，在不同的发展阶段，为适应市场环境或客户需求变化，可能经常需要对自身任务结构进行改进和创新，那么企业的任务板块会随之变化。在搭建精益经营体系时，情况同样如此。精益经营体系很可能对企业提出新的战略要求，而企业的战略会直接决定任务板块的构建方向。面对精益经营体系，企业需要重新思考现有任务板块是否能满足新的战略需要。

2. 任务结构

任务结构是企业从经营目标，到客户、销售、生产、财务、人事行政等内部任务的价值链构成，也是企业从事何种经营活动、提供何种产品和服务的总括。

企业的任务结构，可以分为单一任务组合、主导任务组合、相关多元任务组合、不相关多元任务组合等。在精益经营体系的建立过程中，有必要对原有任务组合加以重新梳理、分析和调整，以期达到最佳状态。

3. 任务流程

在精益经营体系框架中，任务板块、任务结构都需要通过任务流程来实现，其中关键的部分，通常称为核心任务流程。核心任务流程是影响整个企业经营的重要业务部分，精益经营体系构建的成功依赖于核心任务流程的明确。

1.2 精益经营的革新体系模型设计

精益思想自诞生至今，不断指导着众多企业自我革新，许多企业受益匪浅。在经历本土化发展并结合我国传统经营思想后，精益经营的革新体系模型被实践充分认可，充分进化为适合我国的经营管理模型。

精益经营的革新体系模型，将深远影响我国企业的发展、升级和转型，并持续带动产业的成长。

1.2.1 精益经营的革新体系模型设计原则

精益经营的革新体系模型设计，目标在于让全员树立紧张的意识，高层引导、中层参与、基层执行，多层并行开展精益经营。

精益经营革新体系模型设计的原则是：通过诊断问题、制订计划、验收结果等手段，对价值流程、供应链系统、制造运营系统、经营目标管理系统，进行多维度覆盖，打破传统意识，营造改善氛围。

1.2.2 精益经营的革新体系的四大关键

精益经营的革新体系中，值得关注的是四大关键维度，分别是价值流程、供应链系统、制造运营系统和经营目标管理系统。

1. 价值流程

精益经营的革新体系包含多个板块和要素，除了开展高效生产与协调、降低成本和提升管控能力外，其关键在于消除采购、制造、销售和研发过程中的浪费活动，进一步使成本精细化，以打破不同部门之间的沟通壁垒，全面协调改善价值流程。

精益经营革新体系所期待塑造的价值流程，是一种更高层次的物流模式。这种价值流程贯穿整个企业的内外活动，从原材料投入开始，到将产品通过不同渠道提供给终端客户并提供服务为止，其中任何一步价值增值的活动，都能看作价值链的整体组成部分。只有利用精益经营的革新体系，对企业现有的价值流程进行观察、思考和改善，推动其中每个步骤形成新的连接方式，新的价值流程才能诞生，价值量才能最大化。

2. 供应链系统

供应链系统，是指从最初的原材料供应商，一直到企业终端客户的整条链上，关键价值流程和业务关系的集成体。

在精益经营的革新体系中，供应链的作用在于通过精益经营管理的运营方式，将不同生产环节，以信息管理系统进行有机连接。这样的供应链系统能确保资源得到有效整合利用，使整个系统的总成本相对较低，总价值相对较高。

例如，沃尔玛在其精益经营革新体系中，形成了高效的供应链管理方法。他们建立了专门的库存控制小组，对库存定期盘查；运用了高效的信息系统，实现高效运输；还利用长期协作的可持续发展策略，帮助供应商提升供应效率，实现共赢。与此同时，沃尔玛运用互联网信息技术，从库存、订货、毛利、销售、促销和价格等多个方面，对供应链运营进行控制、引导和支持。

企业的供应链系统中，采购、供应商管理、物流管理等环节都是重要的革新节点。只有对之进行精益化改善，才能推动价值提升。

3. 制造运营系统

精益经营过程中，制造运营系统的改善同样是重点。从设备管理到单元生产、班组建设等，企业制造运营过程中的任一环节表现都会影响生产进程，进而影响供应链、价值链的运行。

为此，精益经营革新需要不断改善制造基础，用更少的投入生产更好的产品，提供更好的服务，即运用较少的人力、空间、制造工具、作业时间，完成对新产品的设计、研发和生产。

通过精益经营革新，企业能降低资源需求，提高产品质量，实现精益目的。这样，制造运营系统的精益化也就成功实现了。

4. 经营目标管理系统

不少企业在精益经营过程中，普遍存在两大问题。其一是不清楚如何才能建立经营目标，形成年度计划；其二是不知道如何才能对经营目标进行管理，使之落地执行。在精益经营革新过程中，需要从经营目标管理系统的建立入手，分析其中存在的问题，加以改善。

经营目标管理系统的建立，从制定目标到执行管理，必然会经历"分—合—分—合"的多次循环过程。

例如，企业进行经营环境、竞争态势、竞争策略、职能战略规划的分析，必须引入不同层面和部门的员工，予以共同参与。这是"分"。

而当企业针对经营目标，建立年度战略地图时，就需要由集中起来的企业高层加以确定。这是"合"。

又如，企业制订好战略地图后，需要确定企业年度经营目标时，应该由各个具体实施部门，对其各项目标进行预测。这是"分"。而企业高层管理机构汇总不同的对应目标预测情况，最终确定企业年度经营目标。这是"合"。

由此可见，在精益经营中，企业经营目标管理系统的建立不能依赖于企业领导的命令，必须经过"分—合—分—合"的循环往复过程。

（1）充分量化。对经营目标量化，是确保目标管理落地的前提。如果不进行量化，就意味着不同部门甚至不同员工，都会根据个人理解去分解目标、执行工作，从而导致经营管理策略实施效果参差不齐，难以评价。

为了确保企业经营目标管理的科学性，企业不仅要建立可量化的经营目标管理系统，还需要建立完善的跟踪和评价体系，通过过程的跟踪，及时发现目标管理中的问题并加以修正。

（2）经营目标管理是动态的系统工程。在精益经营体系中，企业经营目标管理必须建立动态系统。所谓动态，是指企业根据业务和环境特征，参考实际经营管理能力，建立适合自己的目标管理机制。所谓系统，是指经营目标管理工作，涉及企业内的每个人、每个部门，涵盖了每个流程和每个单元，在任何时间内都会影响到企业整体精益经营效率。

1.3 精益经营的组织运营设计

精益经营的组织运营，应事先根据企业内外环境特点，加以精密设计。设计内容包括建立标准、精益宣传、运营平台、教育培训、主题活动等。

1.3.1 建立标准

建立标准，是建立精益运营组织的基础步骤。标准会影响员工如何看待精益管理思想，并指导他们如何在认同基础上，进行实际操作。

精益运营应当建立的标准，包括服装标准、看板标准、目视化标准、安全标准，如图1.3-1所示。

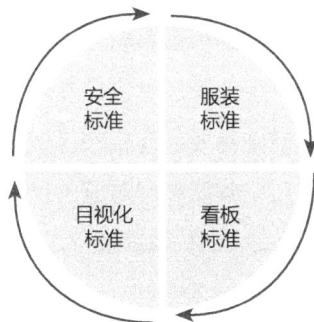

图1.3-1 精益运营应当建立的标准

精益运营主要应建立以下标准。

1. 服装标准

在制订精益运营标准时，首先应该向员工推出规范而良好的着装形象，以图像和文字结合的形式，向他们普及如何正确着装。带有企业标志与规范的工装，能够对员工在企业内的言行产生良好的约束作用，也可以增强员工的企业归属感与团队感。

2. 看板标准

在精益运营中，看板是协调管理整个企业生产的必备产品，其主要种类包括"领取看板"和"生产指示看板"等。其中，领取看板记载着后道工序应该从前道工序处领取的产品种类、数量，生产指示看板则指示前道工序应该生产的产品种类和数量。

看板标准包括两大部分内容。

首先是看板内容标准。第一，企业应当结合不同用途，对看板内容做出标准化规定；第二，应当指定看板的底料、架子材质、长宽、文字字体和设置地点；第三，还应当在看板上指定位置，张贴管理责任人的标签。

其次是看板使用标准。其具体包括如何决定看板内容、设置看板地点、领取看板、使用看板规定等。

3. 目视化标准

目视化标准与通过文本描述的标准不同，企业应该利用图样和简短文字来设置操作的优化标准。为此，企业管理者应该参考不同岗位的实际情况，建立符合需求的目视化标准。标准中需要包含生产区域所有内容，同时简单实用、推广性强。操作者经过培训后，就能利用对应的目视化工具和资料，迅速对生产过程情况、产品质量情况、安全防护情况进行判断。

4. 安全标准

为夯实精细运营基础，企业需要建立应有的安全标准。通过安全标准和要求的规范化，企业可以避免经营管理过程中出现的不利结果。

符合精细运营要求的安全标准，应基于现有适用的行业规范和标准，保护企业员工、公众与环境，同时满足精细运营基础要求。在制订安全标准过程中，还要对法律法规中适用的要求加以识别，将适用的法律法规要求应用到标准中，确保标准内容符合规定。

1.3.2　精益宣传

精益宣传，能够通过精益思想的普及、气氛的营造，凝聚团队士气，树立集体目标。

精益宣传的结构包括三个级别，分别是班组级、部门级、公司级。

班组级宣传，主要在班组内部开展。在实施中，应将精益管理方法与实际管理经验相结合，形成适合岗位特点的精益文化，指导精益管理方法应用。

部门级宣传，可以采取多种形式。例如，在部门内设置精益成果展示专栏、精益知识专栏、员工展示专栏和建议专栏、部门监督专栏等；也可以建立部门内部精益宣传微信群。将不同形式进行结合，确保部门级宣传的力度与持久性。

公司级宣传，需要与企业文化建设充分结合，采取自上而下的方式。企业可以采取活性化方式宣传，如提出企业整体的精益愿景、精益使命、精益规划、精益口号、精益 LOGO 图标，设置精益标准报告格式；也可以利用静态化方式，如悬挂精益横幅、张贴精益标语、发放精益宣传单等。

此外，利用动态化活动如精益比赛、精益知识竞赛，采取常态化方式如精益定期会议、精益改善报告会、精益早会、精益评价活动等，都是值得选取的公司级宣传方式。

1.3.3　运营平台

企业的精益运营，需要有统一完善的平台去提升效率。在这一平台上，企业能够为每个员工、团队和部门提供良好环境去实现精益化。

运营平台的搭建内容包括：组织结构、评价制度、制度文件、会议机制等。图 1.3-2 所示为运营平台的搭建内容。

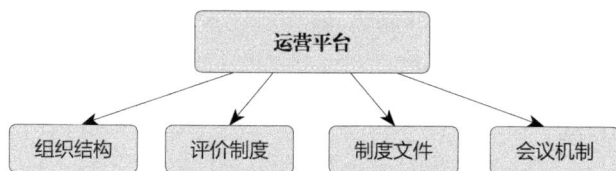

图 1.3-2 运营平台的搭建内容

首先，应该构建适宜精益运营的组织结构，剔除企业内原本存在的不合理结构要素，以及不必要或不能产生应有价值的组织元素；其次，需要建立和推行科学的评价制度，以便强化员工和团队对精益运营的认知与重视，并以制度文件加以保障；最后，还需要形成定期的会议机制，便于保障精益运营组织建立过程中的内部沟通。

整个运营平台的覆盖力度要大，能够影响企业运营过程中的每个环节与岗位，确保建立完善的运营机制，保障对人的管理力度，实现效率提升。

1.3.4 教育培训

员工是企业财富的直接创造者，利用培训来培养员工对精益运营的正确认识，形成团队意识并增强操作的熟悉度，能够使得他们克服对精益生产与管理的畏难情绪，树立充分的信心，形成良好的生产品质观念、设备保养观念。

从更深层次的意义来看，在精益运营中，教育培训可以在企业内充分地传承，使得企业形成持续精进的组织文化氛围。

具体的教育培训内容包括：培训计划、培训实施、理论考核、人才认证等。图 1.3-3 所示为教育培训的内容。

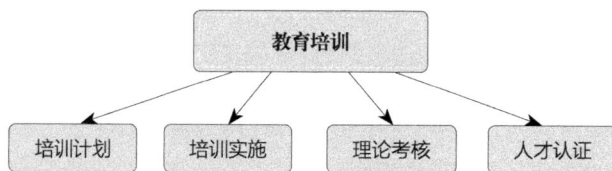

图 1.3-3 教育培训的内容

企业为了确保精益运营的持续推进，首先需要建立完整而行之有效的培训计划，将有关的培训内容与培训日程进行科学安排；随后相关部门负责实施具体的培训计划；在培训结束后，通过针对性强的理论考核与人才认证，确保培训能及时、有效、长远地产生效果。

1.3.5　主题活动

以主题活动的形式，加强精益运营思想在企业文化中的影响力，提升各级员工对精益运营意义的认识，从根本上提升企业的竞争力。

主题活动可以采取精益征文、工具开发、技能比武、六源改善等形式。图 1.3-4 所示为主题活动的内容。

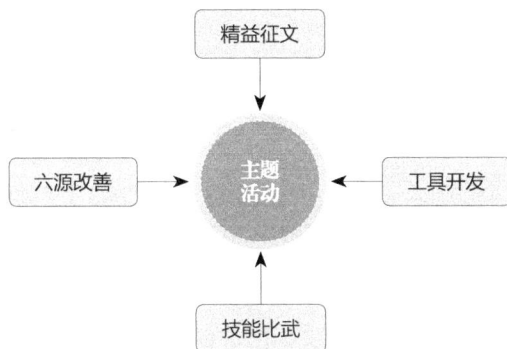

图 1.3-4　主题活动的内容

企业可以围绕精益运营过程中某个具体主题，设置具有吸引力的奖励内容，开展征文活动。征文应围绕员工自身的学习过程和思想感悟，引导他们分享自身对精益运营的认识。精益征文，可以强化员工对精益工具的运用技能，验收他们在精益管理方面所获得的学习成果。

同时，企业还应该将活动内容与主题进一步延伸到生产实践中。例如，开展工具开发、技能比武等竞赛活动，在同一部门、相同岗位或跨部门之间营造浓厚的超越竞争氛围，并以此为契机，点燃员工对精益经营革新的热情。

六源是精益管理中的术语，包括污染源、清扫困难源、故障源、浪费源、缺陷源和危险源。六源改善是全面生产维护、提升现场精益管理水平的重要基础。

1.4 精益经营中的目标管理概述

管理学家德鲁克曾说："企业的目的和任务必须转化为目标……如果一个领域没有特定的目标，则这个领域必然会被忽视。"目标管理，是精益经营中重要的管理内容。

1.4.1 目标绩效

精益经营体系中的目标绩效，是指在企业现有经营状况基础上，需经过精益经营的努力，才能达到的较高工作水平。

目标，是指想要达到的水平。绩效中"绩"是指业绩，代表企业的利润目标。"效"是指效率、效果等。绩效，是指企业、团队、个人，在一定的资源、条件和环境下，对既定目标的实现程度和出色程度。

目标绩效的组成公式为：目标绩效＝过程＋目标。

通过该公式可见，目标绩效体现出完成目标的过程、目标本身的内容。其中，过程内容体现出企业、部门和员工的行为素质，而目标内容则体现出预期收益。

目标绩效的设立和管理，有助于让企业员工感觉到压力，进而积极参与精益经营以改变现状。

1.4.2 目标管理的意义

目标管理，是指将企业内所有人员的注意力和行动方向，都集中到工作目标上，以最适当的方法、最短的时间、最小的费用，取得最佳的成果。这一管理方法提出后，先后被多国企业运用，取得了卓有成效的突破，引起了企业管理界的高度重视。

目标管理本质是一种流程。遵循该流程，企业中的不同层级在目标导向下，能共同参与组织目标的制定，根据企业使命来确定一定时期内的总目标。在目标管理过程中，管理者还能进一步确定企业内各级部门和员工的责任和分解目标，以使组员实施目标自主管理。

目标管理的广泛应用，集中在企业精益经营领域。企业的目标管理，关系到战略性目标、策略性目标以及各类方案和任务。通过目标管理，企业能对精益经营状况进行评估，并将目标管理的成果，作为有效奖惩各部门和个人的标准。

应从企业经营的背景和压力开始，了解目标管理能为企业带来哪些成效。

1. 企业经营的背景

企业生存在迅速变化的竞争环境中，其中所蕴藏的不确定因素越来越多。严峻的现实导致企业的生命周期日益缩短。

2. 企业面临的经营压力

表 1.4 所示为企业面临的经营压力。

表 1.4　企业面临的经营压力

外部压力	内部压力
主要竞争对手日趋强大，其市场占有率不断扩大、销售额不断增长	经营成本过高、利润空间日益缩小
部分竞争对手运用新技术、新工艺、新管理方法，全面变革和创新管理	运营效率下降、创新能力低下、企业活力不足

企业面临的经营压力应如何解决，从而实现稳健经营、持续发展？主要办法就是通过精益经营，增加销售收入、降低运营成本，而这些都离不开目标管理。

利用目标管理，能有效解决现代企业中领导者和管理者关注的问题，如企业的利润增长问题、成本问题、发展速度问题等。管理者在解决这些问题的基础上，还需关注经营或工作目标的完成问题，而这些问题的解决，都离不开目标管理的有效实施。若能认识到这一点，就能更好地提升本企业业绩，并在企业之间的激烈竞争中，保持充分的长期发展优势。

3. 企业推进目标管理的成效

通过推进目标管理，企业能取得下列显著成效。

（1）准确预测成长发展轨迹，及时制订应对策略。

（2）确定组织经营目标，提高企业整体运营的效率。

（3）降低企业运营成本，提升对外的竞争能力。

（4）提高经营管理效率，提升内部工作效率。

（5）激活现有的人力资源，开发员工能力。

（6）促进上下级沟通和平级协商，从而有利于团队的合作。

企业推进目标管理的核心成效，在于充分挖掘经营潜力和员工个人能力，持续提高整体业绩，实现最小化成本、最大化利润，使企业更好地发展。

1.4.3　目标管理的特点

目标管理具有以下具体特点。

1. 以人为本，自主管理

目标管理是一种将个人需求和企业目标结合起来的管理体系。图1.4所示为目标管理与自主管理的结合。

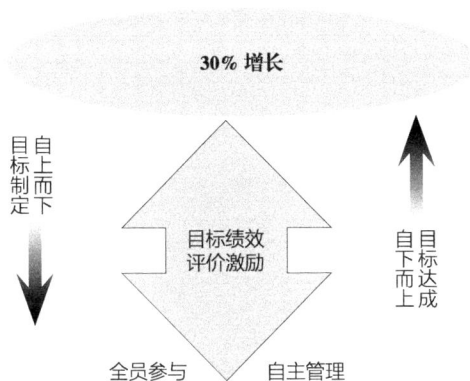

30% 增长

自上而下
目标制定

目标绩效
评价激励

自下而上
目标达成

全员参与   自主管理

图 1.4   目标管理与自主管理的结合

在目标管理进程中，企业内各级员工共同受到目标绩效的评价激励，自上而下参与目标制定，进行目标拆解，完成自主管理，最终自下而上达成目标。

2. 建立严谨的目标管理体系

目标管理体系建立后，企业通过专门设计的流程，能将整体目标进行逐级拆解，形成各团队、各工作成员的分级目标。在目标实现过程中，权利、责任、利益三者的目标方向一致，才能形成协调统一的目标管理体系。

3. 重视效率和成果

目标管理需要以制定目标为起点，将目标达成率的评价作为重点。其中，具体的工作成果是目标达成率的评价内容。

第 2 章

精益经营的路径选择与落地执行

当今时代，越来越多的组织开始实施精益战略，用精益经营释放企业潜能，以应对知识／服务时代的管理挑战。但在精益经营的路径选择与落地执行中，每个组织都不可避免地面临诸多障碍，如企业核心团队对精益经营的认知不足、企业文化未与精益原则相融合、企业未能熟练掌握精益系统和工具。要想打造出极具执行力的组织，掌握精益经营的方法很重要。

2.1　精益经营成长的四个步骤

企业需要遵循精益经营成长的步骤，逐步推进精益经营的落地执行，并掌握精益信息系统建设的关键，使信息系统发挥支撑作用。整体而言，精益经营的路径选择与落地执行如图 2.1-1 所示。

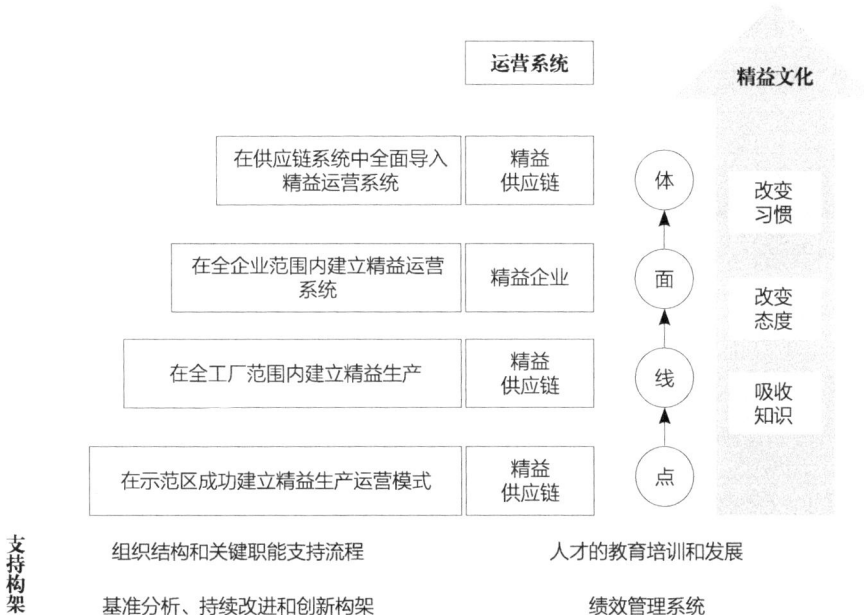

图 2.1-1　精益经营的路径选择与落地执行

戴明博士将管理者的工作概括为"将整个系统最优化"，而非简单地"局部最优化"，因为只关注局部往往不仅无法实现预期收益，而且需要付出极大的代价。正是因此，当谈及精益时，并非简单的精益现场或精益工厂，而是要遵循精益经营成长的四个步骤，对企业全局进行系统性的优化。

2.1.1 精益制造现场管理

精益制造现场管理通常被作为精益经营成长的第一步，是因为制造现场管理在企业管理中起基础作用，也是因为精益制造现场管理可以为企业带来直接的效益提升，让企业在制造现场管理的改善过程中逐渐摸索到适合企业的精益经营成长路径。

精益制造现场可以看作精益试点示范区，在打造精益制造现场时，企业的核心任务就是精简。通过减少和消除制造现场中一切不产生价值的活动（即浪费）实现降本增效，进而快速实现客户价值增强和企业内部增值。

不同企业的制造现场各不相同，但精益制造现场管理通常离不开"一个目标""两大支柱""一大基础"。

1. "一个目标"

精益制造现场管理的目标是实现低成本、高效率、高质量的生产制造，在消除浪费后，企业能够快速反应，以最少的投入获得最佳的运营效果，并最大限度地满足客户需求。

2. "两大支柱"

精益制造现场管理的两大支柱就是准时化生产和人员自主化。

（1）准时化生产。准时化生产是精益制造现场管理的重要概念，是指以市场拉动生产，在合适的时间内生产合适质量和数量的产品。具体而言，制造现场的后道工序需要根据市场需求进行生产，并根据本工序用料需求从前道工序领取相应的在制品，在各个工序的推动下，形成全过程的拉动控制流程。

（2）人员自主化。人员自主化是指人员与机械设备的协同配合。每当生产线出现质量、数量或品种的问题，企业一方面要确保机械设备能够自动停机并发出指示，另一方面则要推动生产线员工主动停止生产线，排除故障、解决问题。为此，企业就要将质量管理融入制造现场管理，将质量管理变为员工的自主行动，并让制造现场的一切工作成为有效劳动。

3.　"一大基础"

精益制造现场管理的重要基础是精益生产方式改善。这里的改善主要包含三个内涵。

（1）从局部到整体的改进，如操作方法、质量管理、生产结构等。

（2）逐渐减少并消除不产生价值的活动，如生产过剩、等待、搬运、库存等。

（3）建立持续改善的管理思想，在改进与消除浪费的基础上，不断改善、巩固、提高，在长期积累中获得更加显著的效果。

2.1.2　精益运营系统建设

精益制造现场是精益经营的基础，也是很多企业走向精益经营的起点。要建立完善的精益经营体系，企业就必须更进一步，打造出适合企业及供应链的精益运营系统，如图 2.1-2 所示。

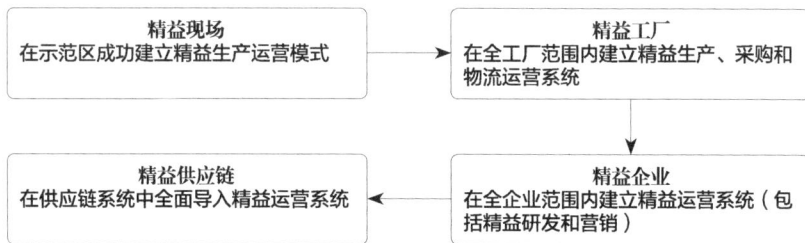

图 2.1-2　精益运营系统

精益运营系统建设是一个循序渐进的过程，企业不可能在尚未实现精益现场之时，就要求供应链走向精益经营。只有在长期性、程序化的建设过程中，持续完善细节化管理才能助推企业占据竞争优势地位。

正如海尔集团借助"严、细、实、恒"的管理文化,将"细"和"实"提到了企业运营的重要层次,海尔集团才能在最短时间内解决管理问题,逐步实现精益运营系统的建设,消除企业管理死角,使精益运营达到及时、全面、有效的状态。

在精益现场到精益工厂、精益企业到精益供应链的逐步推进中,其核心在于对各种细节的精益求精,从实际出发、从基础做起,为精益运营系统持续发挥作用奠定坚实基础。

1. 细化工作目标和任务

无论精益运营系统建设的目标是精益企业还是精益供应链,企业都应将目标层层分解,细化为若干可以立即执行的任务,并确保每项细小任务能保质保量完成,从而确保最终目标的完成时间和完成质量。

精益运营系统建设的关键是注重细节、精益求精,这需要员工在日常工作中杜绝浪费,在具体管理上用心。企业也需要抛弃与精益运营不相适应的、影响企业降本增效的思维、观念和意识。

2. 加强精益运营过程控制

对细节精益求精,意味着企业需要形成永不懈怠的管理风格,并不断完善细节以形成精益的管理链条,将现场、工厂与研发、营销乃至整个供应链连接起来。

因此,企业必须注重对精益运营过程的控制,以点带面,关键节点环环相扣,组成管理链条,全面推行精益管理。

以成本费用管理和资金监管工作为例。

(1)在成本费用管理上,企业需要从细节入手,对成本、费用的依据、原则、程序、核定等方面进行细致规定,助推企业以最低的成本、费用开支取得最大的效益。

（2）在资金监管工作中，企业则需将资金监管工作深入生产经营第一线，建立严格的制度，按制度要求严格监管每一笔资金，推动资金监管工作标准化，并维护企业管理制度。

总而言之，精益运营系统建设必须遵循企业发展规律，关注财务管理、物流管理、营销管理、生产管理等各环节，制订由易到难、逐步推进的建设方案，并充分运用财务、营销、采购、仓储、生产等管理系统，逐步实现物流、资金流、信息流的集成。

在精益运营系统的建设过程中，企业要始终以零浪费、零库存、零切换、零故障、零缺陷、零停止为追求目标，并对精益生产八要素采取全面管理，即对人员、机器、材料、方法、环境、检测、信息和能耗的全过程控制，最终从各个细节着手提高精益运营的效益。

2.1.3　企业精益经营建设

在企业经营中，无论是做出的重大决定还是转折点，往往是受一系列细节影响而发生的。当今时代，关于细节的竞争既是成本、工艺、创新的竞争，也是企业各个环节协调能力的竞争。

随着众多优秀企业纷纷进行精益制造现场或精益运营系统实践，更多企业开始期望通过简单地模仿来实现企业精益经营建设，然而，不同企业的细节管理却难以复制。企业想要做优、做强，就必须做好各个环节的精益化管理，如战略制订、产品设计、价格策略制订、渠道建设、品牌培植、技术开发、财务管理、员工培训、文化培育等。

因此，基于精益制造现场管理和精益运营系统建设，企业还需要进一步完善企业精益经营建设，夯实精益经营的支持架构，如图 2.1-3 所示。

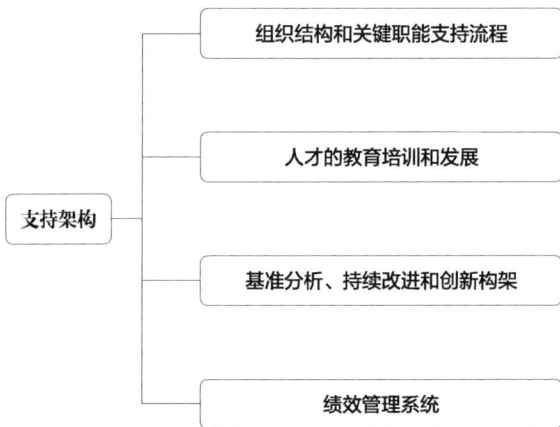

图 2.1-3　精益经营的支持架构

精益经营支持架构的内涵丰富，涉及企业运营管理的方方面面。因此，企业必须牢牢掌握两个关键点。

1. 系统的精益经营体系

精益经营必然需要建立在切实可行的、完备的制度体系上。只有基于现实可行的经营管理和完备的制度体系，企业才能施行完善的内部控制，进而实现企业精益经营建设。

精益经营体系并非单一的管理制度，而是一个覆盖企业经营全局的系统性体系，它需要解决精益经营与企业部门管理相结合的问题，以及指导、规范员工日常管理行为，将每个员工的日常行为都纳入这一体系，使员工真正能够自觉地接受体系的管理。

因此，要全面实施精益经营，企业就要制订员工日常管理准则，将有关管理办法、相关制度、有关法规进行摘录、汇编，供员工在日常工作中学习、查对、执行。图 2.1-4 所示的精益管理系统（JMS）资料体系能有效指导、规范员工的日常行为操守，达到事半功倍的管理效果。

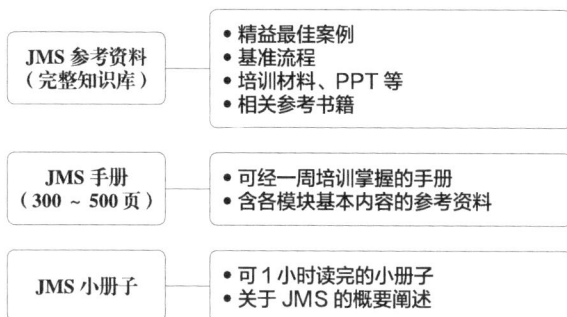

图 2.1-4　JMS 资料体系

2. 结合人本管理和绩效管理

精益运营系统的建设需要对细节持续关注，而这需要组织内的每位成员发挥主观能动性，主动发现并改善各个细节，从而真正实现企业精益经营。为此，企业需要在企业运营中结合人本管理和绩效管理。

（1）人本管理。人本管理是现代管理的重要思想，也是企业精益经营的重要内容。人是企业各类资源要素中的核心资源，事实上，现代管理的关键任务就是激发人的积极性，从而实现企业成长、精益经营等各项目标。

因此，人本管理就要以人的全面发展为核心，创造相应的环境、条件，形成以个人自我管理为基础、以组织共同愿景为引导的一整套管理模式，使员工真正成为企业的主人，并成为企业发展的动力源。在员工与企业的共同成长中，企业也要与员工分享企业发展的成果，通过人本管理实现管理和谐。

（2）绩效管理。绩效管理就是把企业的战略目标分解到企业的各个部门和岗位，对员工工作绩效进行管理，提升整个企业绩效的管理手段。绩效管理工作的核心同样是对企业发展战略目标层层分解，形成一个目标机制，推动组织成员在向同一目标共同努力的过程中，不断找出存在的问题和不足，并持续优化措施和方法，从而确保总体目标的实现。

绩效管理也是实践"以人为本"为核心的科学发展观的具体行动，是实现员工与企业和谐发展的必然要求。绩效管理的核心是员工通过提升自身素质实现能力提高、绩效提高，进而带动整个企业的效益提高。因此，在绩效管理与精益经营的结合中，企业要让符合企业精神和工作理念的思想得到弘扬，让符合绩效管理和精益经营的行为得到肯定，这样才有利于员工发展，以及企业优秀文化的培养和企业发展内驱力的增强。

2.1.4 建立企业精益文化

建立企业精益文化是实现企业自主精益经营成长的关键步骤。当精益与企业文化相结合并感染每一位企业员工之后，精益经营才能融入企业血脉，使企业持续改进。一般而言，建立企业精益文化可以分为五个阶段，如图 2.1-5 所示。

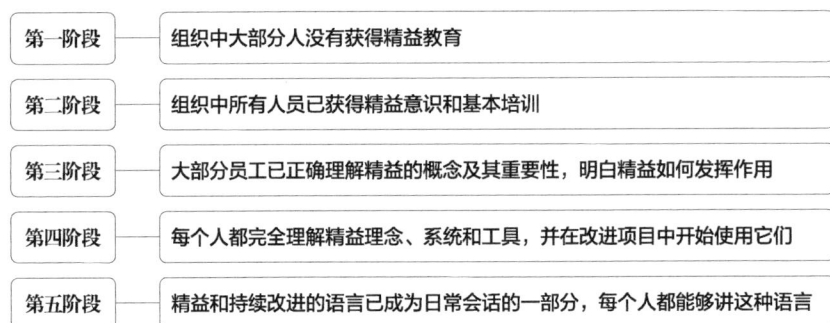

第一阶段	组织中大部分人没有获得精益教育
第二阶段	组织中所有人员已获得精益意识和基本培训
第三阶段	大部分员工已正确理解精益的概念及其重要性，明白精益如何发挥作用
第四阶段	每个人都完全理解精益理念、系统和工具，并在改进项目中开始使用它们
第五阶段	精益和持续改进的语言已成为日常会话的一部分，每个人都能够讲这种语言

图 2.1-5 建立企业精益文化的五个阶段

虽然越来越多的企业管理者开始关注精益经营，但在实务中却只是引入精益经营工具，而忽略精益文化的建设，导致企业精益文化仍然停留在第一阶段。而要真正实现企业的精益经营成长，企业就要将企业精益文化推进到第三阶段，使大部分员工正确理解精益的概念及其重要性，并明白精益如何发挥作用，从而实现从认知到行为习惯的转变。

企业精益文化的建设核心就是知行合一，在吸收知识、改变态度的过程中转变每位组织成员的行为习惯，如图 2.1-6 所示。

图 2.1-6 知行合一的步骤

在此过程中，企业主要需要解决三方面的阻碍。

（1）信息 / 知识过载。一旦企业内部信息 / 知识过载，员工的注意力就会被分散，难以专注于精益事务。因此，企业需要通过定期的培训，推动每位组织成员达到专注的状态。

（2）负面有色眼镜。员工对精益的态度可能受到各种影响，如家庭、教育、朋友等，而在企业环境中，企业则要通过职场的影响和成功 / 失败的体验，引导员工对精益形成正面认知。

（3）缺乏有效的跟踪机制。当员工能够专注于精益并正确认知精益时，企业就要借助有效的跟踪机制，将这种认知、价值观或信念转变为行为习惯。这就需要从以下三个方面着手。

① 设定目标，制订计划。

② 坚定信心，间隔重复。

③ 回顾反馈，修正行动。

建立企业文化是一个长期的过程，需要企业持续行动，也需要领导层持续引导，使企业全体成员真正将精益看作关于客户、供应商等的经营方式的根本改变，在未来数十年间持续发展革新，从而实现企业的精益经营成长。

2.2　精益经营信息系统建设的四大关键

随着计算机技术、网络技术和通信技术等各种信息技术的发展和应用，信息系统已经成为支撑企业精益经营的重要手段。精益经营信息系统建设，就是借助各类信息技术来提高企业运营效率，在此过程中，企业要从四个角度出发，将技术资源投入关键领域。

2.2.1　制造现场改善为主

制造现场管理是精益经营信息系统应用的重点领域。从 20 世纪 50 年代开始，随着信息技术的不断发展，丰田汽车等企业就开始借助信息系统改善制造现场，如看板管理作为一种生产、运送指令的传递工具，就已经得到充分应用。

时至今日，条码技术、射频识别技术、GPS、自动立体化仓库等新技术，为制造现场的信息化水平带来了质的飞跃。其中，条码技术和射频识别技术则是两个重要的基础性技术。

1.　条码技术

条码技术的应用使企业可以通过扫码快速识别单据信息。

一张完整的单据包含的内容十分丰富，如供应商、送料周期、接收窗口、放置场所、零件编号等信息。

为了提高效率，企业可以与合作企业约定统一的编码。

借助条码技术，所有单据信息都可以通过信息系统记录并打印生成，并包含在条形码中。在转运、验收、用料等环节，企业可以直接通过读取条形码获取物料信息，进而提升制造现场运营效率。因此，企业在以制造现场改善为主的精益经营信息系统建设时，要掌握条码的生成与读取技术，并引入相应的技术、系统与机器。

2.　射频识别技术应用

基于无线射频扫描技术的发展，射频识别（Radio Frequency Identification, RFID）也逐渐被应用到制造现场信息管理中，成为制造现场改善的有效手段。

RFID 是自动识别技术的一种，通过无线射频方式进行非接触双向数据通信，从而达到识别目的的自动识别技术。它由电子标签、读写器、天线以及控制模块组成。

借助 RFID，企业不仅能够实现物料信息的采集、跟踪和反馈，也能对物料进行批次管理，进而控制库存。

时至今日，RFID 已经成为很多企业制造现场管理的基础手段，贯穿货物转运的各个环节，如贴标、入库、出库、移库和盘点等。

对新采购或加工入库的货物，企业应当为其配备电子标签，记录货物名称、入库时间、所属仓库等信息。与此同时，企业还需在各条入库通道上安装读写器，如此一来，一旦货物进入通道，读写器就可以自动获取货物的所有信息。

在发卡贴标环节的 RFID 应用中，企业要注意标识码的编制。一般而言，编码需要遵循以下原则。

（1）系统性，便于分类统计。

（2）唯一性，不同级别、规格的物料编码不同。

（3）简易性，简短易懂。

（4）有一定的弹性。

（5）可用数字、英文字母表示。

2.2.2 工厂运营改善为主

在制造现场改善的基础上，企业为了进一步整合生产资源，推动生产、仓储、物流的高效结合，其精益经营信息系统还可结合无线网络技术、物联网技术，进行更加深入的探索，打造出符合时代发展和精益需求的智能工厂。

1. 物联网技术

物联网（Internet of Things，IOT）就是物物相联的互联网，是通过 RFID、GPS、红外感应器、激光扫描仪等技术和信息传感设备，按约定的协议，根据需要实现物品互联互通的网络连接，进行信息交换和通信，以实现智能化识别、定位、跟踪、监控和管理的智能网络系统。

随着物联网技术在诸多领域的深入应用，以及在供应链运营管理中的逐渐普及，物联网与云计算、大数据、人工智能等信息技术不断融合，形成多种多样的集成应用模式，成为推动工厂运营改善的核心技术。

（1）物联网的特征。在信息技术的快速革新中，物联网的表现形式也有所不同。究其本质特征，主要体现在三个方面。

①互联网特征。物联网作为"物"的互联网，要求"物"必须具有互联互通的特征。

②识别与通信特征。正如互联网上的客户都有 ID 一样，纳入物联网的"物"，也必须具备自动识别与物物通信的功能。

③智能化特征。物联网的"物"必须具有自动化、自我反馈与智能控制的特征。

（2）物联网的成熟应用。经过多年来的发展与实践，物联网在工厂运营中的一些应用已经相对成熟，主要体现在四个方面。

①产品的智能可追溯系统，借助货物追踪、识别、查询和管理等功能，以保障产品质量和安全，此类应用在医药、食品、烟草等领域尤为重要。

②物流过程的可视化智能管理网络，包含 GPS、RFID、传感技术等多种物联网技术，从而对车辆、物品进行可视化管理，继而进行在线调度。

③配送中心的智能化管理系统，即智能仓储中的智能控制、自动化操作网络，能够实现配送中心的全自动化，并与商流、信息流、资金流全面协同。

④智慧供应链，通过对后勤保障网络系统进行升级，以满足新零售、智能制造等环境下的海量个性化需求，推动整个供应链运营管理的智慧化，形成全新的工厂架构，如图 2.2 所示。

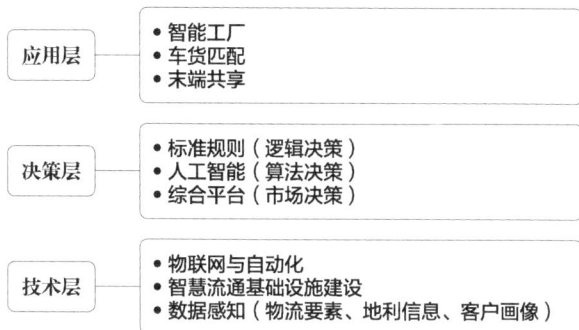

图 2.2　工厂新架构

从精益经营的系统建设来看，物联网不仅是工厂运营改善的重要技术支撑，也是企业经营实现信息化与智能化的关键技术支撑。

2. 供应链信息化

工厂运营的改善，不仅需要关注物联网等信息技术的应用改善，也需要从外部出发，推动整个供应链的信息化革新，实现供应链整体的协调联动。

在成本与利润的量化目标下，流程和基础信息的标准化是供应链信息化的基础，信息流的精细化分析则是信息系统的生命，先进技术与智能工具则是供应链信息化的有力保证，最终，基于一体化的供应链信息管理平台，工厂运营改善也将真正走向标准化、精细化、一体化和智能化。

为此，企业则需要关注以下三个层面的工作。

（1）精准的供应链计划需求。供应链计划主要包含需求计划、库存优化和采购计划等内容，但市场极为复杂，使得供应链计划需要动态调整。所以在工厂运营改善中，企业要不断调整相关要素，以确定精准的供应链计划需求，通过供应链上下游信息化水平的同步提高，实现供应链运营的高效、敏捷。

（2）不同行业的一体化解决方案。当多元化成为众多企业的重要发展战略，为了避免信息系统的重复建设，供应链信息化还需关注不同行业的一体化解决方案，推动企业系统集成，使信息系统的应用场景更加丰富。

（3）智能的供应链数据挖掘。在信息时代，数据是工厂运营改善、企业精益经营乃至供应链信息化的重要基础，但供应链管理或企业运营中却存在数据缺失或信息泛滥的情况，企业难以挖掘出数据的价值。因此，企业要从工厂运营开始做好信息的收集整理，将有用的、准确的、时效性强的信息整理成可利用的形式，供决策者做出科学决策。

2.2.3　精益经营改善为主

在以精益经营改善为主的信息系统建设中，企业主要需要解决以下四个问题。

（1）信息有效流通。将现场、工厂及研发、营销等各部门有效串联起来，精益经营信息系统立足于企业组织架构和关键职能，有助于解决企业内部信息流通不畅的问题，促进内部人员的有效沟通，并提高员工合作意识、增强企业凝聚力。

与此同时，通过将岗位职能与信息系统相结合，企业也可以实现公文流转的自动化，避免传统公文手工递送中存在的工作延误、时间浪费甚至公文丢失、泄露情况，确保企业经营能够更加快捷、安全。

（2）资源和知识共享。持续改善是企业精益经营的核心要求，而这需要企业在信息系统中建立内部资源和知识共享平台，让每位员工的优秀经营经验和技术都可以转化为企业内部资源，在提高员工学习和创新能力的同时，也让每次改善真正融入企业，避免因为人员流动导致改善失效。

（3）内部流程可配置。企业在运营过程中可以摸索出一套适合企业现状的流程制度，并以此为基础建立信息系统。但在面向未来的企业发展中，尤其是在企业运营的持续改善中，企业运营流程的各个环节可能需要更改，因此，企业就必须关注内部流程的可配置，确保信息系统能够及时配合业务流程做出变更。

（4）降低经营成本。信息化的办公方式，能够直接降低企业经营成本，如纸张、电话费、会议时间等。尤其是当企业将信息系统拓展至计算机客户端、网页、移动应用乃至微信小程序等多平台时，企业就可以轻松实现远程办公和移动办公，使办公只需连接网络即可进行，不再受到时间、地域的限制。

2.2.4　企业体制改善为主

在企业体制的改善过程中，精益经营信息系统同样可以帮助企业实现有效管理，具体而言包含以下三个层面的内容。

（1）实时监督。当企业主要工作流程都纳入精益经营信息系统中，这就意味着，企业可以借助信息系统实现对各项工作的实时监督，确保企业各项工作按时、按质、按量完成，并为企业奖惩、考核提供客观依据。

（2）职责分明。在精益经营信息系统中，企业还可以进一步明确工作岗位与工作职责，以及每位组织成员的工作权限，从而对企业运营进行有效梳理，规避工作中推脱、扯皮等现象。

（3）信息集中管理。部门本位主义是阻碍很多企业走向精益经营的关键因素，而在以企业体制改善为主的信息系统建设中，企业要更加强调信息的集中管理，为每位组织成员赋予相应的信息获取权限，确保信息的及时流通和充分共享，避免因为部门间的信息壁垒，导致企业深陷内耗。

第 3 章

精益经营的管理改善

　　精益经营管理改善的关键，在于树立正确目标，制订策略和步骤，利用提案、课题、数据平台、员工建议、小组活动等手段，作用在流程的关键节点上，以此推动企业全员参与，利用精益思想和工具消除浪费。

　　抓住精益经营管理改善的关键，能推动整个企业持续在点、线、面、体等维度，从执行层、中层、高层等层面，对企业进行有条理、有顺序、有目标的管理。

3.1　精益经营的管理改善四大目标

精益经营的管理改善目标，包含了经营性、效率、研发及工程、革新文化与组织建设等四大目标。全面理解这些目标，才能把握精益经营的管理改善关键。

3.1.1　经营性目标

精益经营的管理改善，其目标在于提升企业的经营水平。因此，经营性目标是企业应优先考虑的。

经营性目标，主要包括利润率、投诉率和库存三方面。

1.　利润率

利润率是指企业一定时期的利润总额与有关经济指标值的比率。利润率表明了企业的利润水平，能综合体现企业生产经营活动的经济成果，也能与同类企业利润水平进行比较。

在精益经营的管理改善中，重视利润率目标，体现在不断降低成本和提高利润的要求上。为此，企业需不断做出现场和业务层面的改善。当然，评价利润率的标准也应科学合理，不能片面强调低成本。利润率的提高确实需要降低成本，但企业不能只看到低成本作用，更不能将提高利润率等同于低成本，避免形成错误的目标导向。

2. 投诉率

投诉率，是一定时期内客户投诉总量与客户总数量的比率。在精益经营的管理改善过程中，投诉率不应只包含外部客户的投诉，也应包括内部部门对流程上游部门的投诉。

通过降低投诉率，精益经营的管理改善能使潜藏的问题充分暴露，以便下一步改善。为此，企业应使用杜绝浪费、追求零库存、目视管理和生产停线制度等方法，科学降低投诉率，避免真正的问题被投诉表象掩盖，影响实质性改善。

3. 库存

库存，是企业在仓库中实际储存的货物，其中既包括产品，也包括原材料。传统意义上的库存，是企业生产和销售的物质基础，能在企业传统经营方式中发挥重要作用。但在精益经营的管理改善过程中，库存率一旦过高，就会造成不必要损失。

主要的损失如下。

（1）表面损失，即不必要的搬运、放置和堆积等浪费，占用过多仓库场地，造成场地建设的浪费，寻找、防护和处理产品的浪费，保管成本的浪费等。

（2）潜在损失，即流动资金、额外利息、市场波动等方面的浪费，也可能出现因产品长期储存而出现质量问题的损失等。

（3）意识损失，即由于高库存率，而掩盖企业经营实际存在的问题，造成各种假象，影响从员工到管理者的意识。

通过设定利润率、投诉率和库存等经营性目标，精益经营系统才能达成管理改善的目标。

3.1.2 效率目标

效率目标，是精益经营系统目标管理体系中重要的组成部分。效率目标的实现，能保证企业经营的可靠程度，使企业的经营状态稳定，并获得不断提升。

效率目标，主要包括以下两大部分内容。

1. 直通率

直通率，是指生产流程中，产品从第一道工序到最后一道工序完全合格而不出现问题的比率。

直通率能说明生产线、生产部门乃至企业对产品质量的控制水准，能体现生产流程的稳定性，也能体现产品质量的竞争力。直通率越高，说明企业精益经营发挥效果越好，工作稳定性得到了改善。

重视直通率，必须分析设计、制造到销售的整个过程，从中了解不同的生产步骤、生产工位和生产员工各自提供了何种直通价值。当企业的生产员工认同直通率这个指标后，他们就会逐渐将下一道工序，看成本岗位和本部门的直接客户。他们会产生更强烈的责任心，而不是将质量缺陷传递到新的环节中。

精益经营应重视直通率，摆脱对成品质量检验的依赖。当你在房间里发现一只蟑螂时，说明躲藏的蟑螂远远不止这些。同样，在工序结束后进行的质量检验，所发现的产品质量问题也只是少量的。事实上，无论何种企业，无论采用何种先进的仪器和方法，也无法在事后检验出所有的隐藏质量问题。企业必须在精益经营的管理改善中，利用直通率这一工具，将质量稳定观念细化到不同生产步骤，摆脱对成品质量检验的依赖。

即便企业现有的直通率水平并不高，企业管理者也需要做出相应的决策，将直通率明确展示给员工，作为产品质量改善的重要依据。

2. 生产效率

生产效率，即企业在固定投入量下，产品的实际产出与最大产出两者间的比率。每一家企业都希望利用不同途径，对生产效率予以提升。在精益经营的管理改善中，企业可以针对人员、机器、原料、生产方法、生产环节等五方面因素，着力提高生产效率。

在人员管理上，企业应建立更全面的精益改善绩效评价体系，对员工奖惩管理方法加以优化。

例如，可以为优秀员工提供全面的激励方式，激发他们的工作积极性。对生产效率贡献不佳的员工，给予合理惩罚，促进他们的自我成长和进步。

企业还可通过定时召开部门员工会议、制作生产指示看板的形式，及时将生产经营情况予以公布，让员工了解部门、企业的经营策略，实施目标管理。

在机器管理上，可以通过对机器的日常维护，减少机器发生故障的情况。规范机器发生故障时的汇报流程，安排相应的部门领导到现场组织修理、协调事宜，督促维修员工在规定时间投入工作等。

此外，在原料管理上，企业应注意控制生产过程的投料量、包装量等，利用奖惩规定，严格根据工艺程序，进行实时操作。在作业环境中，企业应加强5S现场管理，杜绝浪费。

3.1.3　研发及工程目标

企业发展过程中，研发和工程目标十分重要，应将这些目标纳入精益经营目标管理体系中，其中重点是新品研发周期这一目标。

新品研发周期，是新产品还未开始量产并投放市场的研制阶段。这一阶段位于产品生命周期前端，包含产品研发团队的组建、研发流程规划、项目实施、成果评估、风险测评等一系列活动。当对产品质量可靠性能予以保证时，精益经营需要将缩短研发周期作为改善的主要目标。

除缩短研发周期，降低目标成本外，企业还需积极建立面向市场和制造的研发体系。管理者应将生产制造的流程，作为研发创新的对象。

在研发和工程目标的作用下，企业应秉持新的设计制造方法和运营原则。

1.　研发流程

在大部分传统企业内，产品的研发流程已形成了书面化内容。但是，这些书面化内容并不能直接解决产品研发目标的问题。为此，在精益经营中，企业应重视实际流程，包括信息传递、设计方案、完成测试、原型样品制造和交付完成品等。这些由不同环节构成的流程，都将客户作为一切研发工作的起点，满足客户对价值的需求，将增值活动和浪费加以区别。

例如，在丰田公司，产品研发流程的第一步就是确定客户需要。根据客户需要，该企业将生产流程中的工具不断改良，用以消除制造浪费、更好协调跨部门的合作，并运用到设计流程中，进行持续改善。

2. 研发体系标准化

在制定研发和工程目标的过程中，应对研发体系进行标准化改进。标准化改进内容主要包括以下三个方面。

（1）设计标准化。设计标准化主要通过结构化设计、模块化和共享零件实现。

（2）流程标准化。在产品设计过程中，积极引入流程标准化方法，基于制造流程的标准，利用和管理生产设施。

（3）生产技能标准化。利用生产技能的标准化，能更灵活地结合岗位需要，安排人员，制订项目计划。

3. 组织结构

为实现研发和工程目标，企业应重视不同部门的专业技能，以此为基础，组织企业的运营。

在研发组织结构设计上，企业应该主动打破传统的部门壁垒，以总工程师、模块开发、设计研讨等新兴的研发和工程模式取而代之。这样的组织结构，能确保研发参与者可以始终将注意力聚焦在产品开发项目上。

4. 供应商整合

在企业的生产制造流程中，供应商角色正变得越来越重要。为实现研发和工程目标，企业除了要对供应商的供应能力进行整体评估外，也要评估其研发技术水平。在产品研发前期，企业应通过采购部门，引导供应商参与研发设计等流程。

5. 分解问题

在研发设计过程中，企业应对整体设计目标进行细分，形成产品功能、质量、安全、成本、效率等目标。这样，企业能更容易发现研发设计流程中的问题。

在此过程中，企业还应使用利于分析的目视化工具，将研发中暴露的问题显示在纸面上，便于在研发团队内进行传递和分享。

6. 研发设计标准化

标准化是精益经营的出发点，也是实现研发和工程目标的重要方式。企业应利用各种工具，充分支持研发设计过程的标准化。例如，企业应提供模板标准，要求工程师就自身工作填写详细的设计审评检查表，对暴露的问题进行研讨和改正。这样，研发设计的经验技术就能形成标准而传承，不再个性化、随意化传递。

3.1.4 革新文化与组织建设目标

革新文化与组织建设目标，引导企业管理者通过精益经营手段，对企业文化和组织加以改善。革新文化与组织建设目标是否达成，其主要衡量标准在于员工满意度和流失率、改善提案等两方面。

1. 员工满意度和流失率

员工满意度是指员工通过对企业的感知，与其原有期待相比，所形成的满意程度。这一标准既能反映员工对企业环境是否满意，也能体现出企业是否具有让员工满意的能力和资源。

一般而言，员工满意度越高，员工流失率就越低，而企业由此承受的损失就会越少。反之，员工满意度出现问题后，企业管理者如果总是采用回避、压制的态度，就会导致问题长期存在，导致企业精益经营过程中不断面对绊脚石。因此企业应学会用精益思想，提升员工满意度，实现革新文化和组织建设目标，从而减少人力资源浪费，提振员工士气。

企业能使用的方法如下。

（1）强调员工关系管理的价值。通过员工关系管理，员工能尽早形成鲜明、确定的自我职业规划。企业需要注重员工关系的和谐，了解每个员工承担的角色，促使他们发挥重要的作用和价值。

（2）设计完善的运行体系。企业应设计完善的员工关系管理流程、支撑体系，对员工关系管理中可能产生浪费的环节加以改善。这样，就能确保员工满意度不断提升，增强企业人才的向心力和竞争力。

（3）改进员工关系的管理流程。精益思想，要求不断改进消除浪费的流程。同样，为了管理员工关系，企业也应不断发现问题、采取措施，将之变成循环流程，在不断改进的过程中，为员工建立高满意率的企业环境。

2. 改善提案

员工的改善提案数量，同样是衡量革新文化和组织建设的目标是否实现的标准。员工提交的改善提案数量越多、质量越高，企业呈现出的精益改善文化氛围越浓厚，企业的影响力越大。

3.2　精益经营的管理改善五个关键

精益经营来自对问题的发掘与解决。如果在经营中没有发现问题，自然就谈不上改善。

因此，想要切实推动精益经营、解决问题，就要从管理改善工作入手。管理改善总共分为五个步骤，如图 3.2-1 所示。

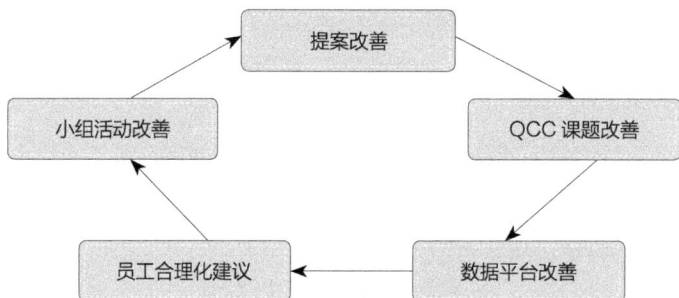

图 3.2-1　管理改善的步骤

管理改善的步骤，包括提案改善、QCC（Quality Control Circle，即品管圈。其是同一个工作现场或工作相关联区域的人员自发地进行品质管理活动所组成的小组）课题改善、数据平台改善、员工合理化建议和小组活动改善等。

3.2.1　提案改善

通过提案改善，企业不仅能发现问题，还能提升员工参与企业管理的积极性，改善员工内部关系，提升员工分析与解决问题的能力。通过提案改善，员工能够充分发现自身工作中的问题，而不是紧盯别人问题，导致相互埋怨。此外，提案改善活动还能从员工个人到团队整体，逐步减少浪费、降低成本并提高管理水平。

在发起提案改善活动的初期，企业应发动全体员工，积极参与这项工作。对员工发现问题的能力与意识，需要坚持不断地进行培养。当问题暴露之后，还应继续推动员工形成积极的行动意识并自主实施对策。

图 3.2-2 所示为提案改善的三个阶段。

图 3.2-2　提案改善的三个阶段

抵制期，大部分员工主观上并没有很好地接受提案改善活动，只有少数人在上层的推动压力下，勉强提出提案。当上层推动一段时间后，员工逐渐适应，并根据上级要求，开始提出改善建议。最终，员工在参与和实施提案改善活动中，获得了成就感与乐趣，他们由此可在没有外力的推动下，主动持续深入提案改善活动。

3.2.2　QCC 课题改善

QCC 课题改善，着力于将改善范围扩大，即从员工个人的意识和行动，扩大到团队。QCC 课题选定的原则在于小而实用，避免大而无当。

选定课题时，应该秉承先易后难的原则，避免好高骛远而难以实现。课题的选择应具体明确，防止空洞无物。课题的来源要有具体依据，避免空穴来风。

对班组团队的 QCC 课题而言，通常应讨论经常发生或形成困扰的问题。例如，下一道工序或客户常投诉的问题、领导重点要求的事项、主要评价的项目等，包括品质、效率、成本、安全等方面的内容。

在选择 QCC 课题时，还需考虑是否符合以下条件。

（1）应符合企业发展方针、所在部门的重要目标，并能配合部门主管指示。

（2）是目前团队内最迫切需要解决的问题。

（3）团队确实有能力加以解决。

（4）在短期内即可解决。

（5）全体人员都真正了解选择的课题。

3.2.3　数据平台改善

做好精益经营，仅靠传统方法是不够的，还需要大量的数据来支撑以做出管理改善的决策，这对企业数据采集和分析能力都是新的挑战。

推进精益经营的前期，企业应搭建数据平台，并在其上布局与企业业务增长有关系的核心指标。这些指标并非为了衡量整个企业的当前表现，而是作用于未来管理改善过程中，以获得可以用来比较的基准数据。

随着精益改善的深入，企业应该利用数据平台对各个部门和不同渠道的业绩进行分析，随后加以优化，从而提高单位时间内的工作效率。

在管理改善过程中，数据平台不能只用于解决小范围的问题，而应形成体系并凸显大局观。在数据采集与整理上，要有充分完整的计划并执行到位；在数据的分析上，不能只体现为报表，而应由具有一定数据分析经验的专门人员，对之进行不断跟踪，以便让数据平台物尽其用。

3.2.4 员工合理化建议

为了凝聚全员改善的力量，鼓励广大员工能够直接参与管理改善，同时也为了促进管理者与员工保持经常性的沟通，企业需要打造员工合理化建议系统。

员工合理化建议系统，应该是员工充分表达个人对管理、运营、生产等方面建议的平台。所谓合理化建议，应涉及企业内部各方面，包括改善质量、节约成本、提高工作效率等有利于企业管理的建议，也包括工艺程序创新、节约材料和工作时间、提高生产安全性、环境保护、劳动保护等方面的建议。

为了在企业内部更好传递、宣传和利用合理化建议，企业可以设置建议邮箱或专门的建议网站。得到员工的建议后，企业可根据建议特点，对之进行如下分类。

1. 短期建议

短期建议通常在一周内加以执行。部门或企业领导获得建议并评议后，可以马上批准通过。

2. 中期建议

中期建议通常在两周到两个月执行，该类建议需要进行评估。审议通过后，可分配到指定的相关部门，由单一或各个部门人员通力合作。企业也可以对这类建议专门设置协调人员或小组，进行整体追踪和管理。

3.　长期建议

长期建议通常在两个月之后执行。该类建议通常与企业的长远发展目标相关联，有必要进行长期评估与追踪。

3.2.5　小组活动改善

小组活动改善，是管理改善中最为倚重的环节。该环节可以让改善工作从员工延伸到团队、从部门延伸到跨部门，发挥重要作用，尤其能重点解决难度较大的课题。

小组活动改善的程序，主要根据 PDCA 原理运行。图 3.2-3 所示为 PDCA 原理。

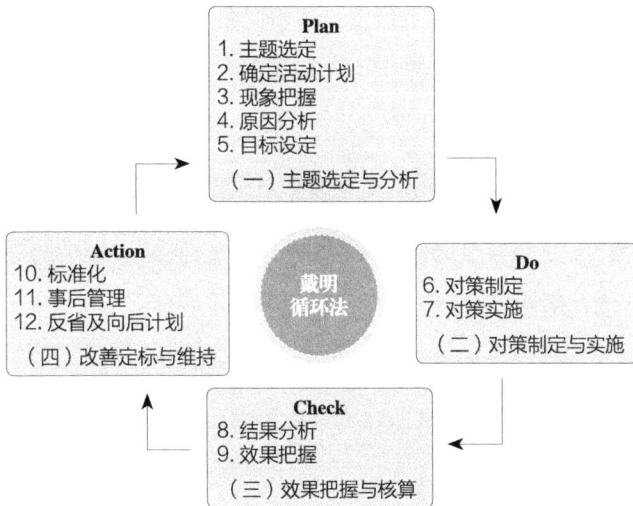

Plan
1. 主题选定
2. 确定活动计划
3. 现象把握
4. 原因分析
5. 目标设定
（一）主题选定与分析

Action
10. 标准化
11. 事后管理
12. 反省及向后计划
（四）改善定标与维持

戴明循环法

Do
6. 对策制定
7. 对策实施
（二）对策制定与实施

Check
8. 结果分析
9. 效果把握
（三）效果把握与核算

图 3.2-3　PDCA 原理

PDCA 循环是美国质量管理专家休哈特博士首先提出的，由戴明采纳、宣传，进行普及，所以又称戴明循环。

1.　P 阶段

P 阶段包括主题选定、确定活动计划、现象把握、原因分析和目标设定。

主题选定，即确定改善什么。主题的确定可以来自上级主管部门的指令、指导，也可以来自小组自行的选择。

确定活动计划，首先需要对问题现象充分调查，并分析背后的具体原因。其中包括调查现状，收集、整理和分析数据，将问题的症结寻找出来。随后，应确定通过小组改善活动，预计活动要取得的成果。通常来说，活动计划中的目标值只应设定一个，最多两个，并在计划中利用数据与事实，说明设定目标的理由。

2. D 阶段

D 阶段包括对策制定、对策实施。

制定对策时，小组应针对产生问题的主要原因提出对策。小组成员可围绕原因发散思维、独立思考并相互启发，从不同角度提出改进的对策。当小组成员提出对策后，再集体讨论、分析、研究每项对策的有效性、可实施性、技术可靠性、经济合理性和难易程度等。

经过比较与选择，对拟采用的对策编制对策表。

实施对策时，小组成员必须严格管控过程。在实施过程中如遇到困难无法推进，应及时进行集体讨论并修改，再按照新对策实施。

当每条对策实施完毕后，由小组收集数据，并与在 P 阶段中所确定的目标进行比较，检查对策是否达到要求，为最后形成改善结果提供依据。

3. C 阶段

C 阶段包括结果分析和效果把握。

当对策全部实施并达到目标后，应按照实际情况进行工作，从中获得数据，与预先设定的目标比较，查看是否达到。如果达到，就可以进入下一步；如果没有达到，就要根据分析得出的结果，重新回到 P 阶段进行原因分析。

当问题真正被解决并取得成果后，可以计算给部门或企业带来的经济效益。

4. A 阶段

A 阶段包括标准化、事后管理与反省及向后计划。

小组改善活动取得效果后，改善并未结束。为将效果维持下去，应该将对策中通过实践证明有效的措施，纳入有关生产标准，经过批准后纳入企业管理办法。

通过小组课题的活动总结与反省，提出在活动中收获的经验与暴露的不足，并根据其中的遗留问题提出下一步工作打算。

第4章

目标管理中的项目准备、
年度战略及战略地图制定

在精益经营中，企业只有做好战略管理方面的准备，才能充分体现自身的竞争优势。战略管理事关企业未来发展方向，影响企业在宏观层面的规划布局。为此，企业应以战略为核心，对与实现战略目标相关的所有事项，进行充分的项目准备，随之进行目标定位，以战略地图等工具加以推进。

总之，企业管理者必须先有具体的战略目标，才能绘制出可靠的战略地图，将年度战略计划变成现实。

4.1　如何做项目启动准备

目标管理，是指企业管理者综合平衡外部环境、内部条件，确定一定时间内预期达到的成果，制定相应目标，并为实现目标而进行的组织、激励、控制和检查工作。

目标管理的首要阶段，是项目启动。项目启动步骤具体可分为目标的制定和展开等。

在目标管理中，目标的制定是重要工作，该工作重点在于建立以总目标为中心的目标管理体系。为此，管理者应学会对外部环境和内部条件进行充分分析和研究，从组织内部和外部两方面，寻找确定目标的依据。

在项目启动步骤上，企业应根据特定的外部环境和内部条件，强化管理者和员工之间的双向沟通，围绕目标内容，进行反复商讨、评议和修改，形成统一看法，最终确定项目目标。由此制定的项目目标，既能保证提高企业业绩，又能激发员工的积极性和创造性。

企业应从项目推进办的成立开始，利用企业内部战略研讨会等方式，推进项目的成立、实施，制作项目看板及宣传用品，以及动员内部和普及目标管理意识。

4.1.1　项目推进办及组织成员选定

目标管理的启动，是指确定了目标任务和对应的责任部门、人员后，着手对目标项目实施过程进行管理，以确保企业顺利完成目标任务。

在目标管理启动过程中，企业应通过明确领导机构、组织成员来加以推进。

1. 领导机构

管理活动离不开领导机构。领导机构，是目标管理工作的最基本要素。确定目标，需要领导机构的决策；分解目标，也需要领导机构加以协调、组织。实施目标项目的过程，同样离不开领导者的监督、跟进和评价。

目标管理的项目推进办人选，通常应包括企业的总经理、副总经理等高管成员，也应包含总经理助理、办公室主任等重要管理团队成员。

2. 组织成员

在项目准备过程中，目标管理领导机构需对员工采取一定的约束措施，促进目标任务更好完成。

组织成员的管理，主要涉及两个方面的内容。

（1）项目推进办的组织成员，应包含各业务流程部门、财务部门、人力资源部门等。

（2）组织成员的责任人。在项目推进办内，目标管理责任人一般为各组织成员的负责人，即部门负责人。部门负责人的目标管理责任人，通常为企业副总经理。副总经理的目标管理责任人，一般为企业总经理。

构建项目推进办、确定组织成员和责任人，能从组织体系和领导团队上，确保目标管理获得充分的组织内部资源保证。

4.1.2 项目推进实施管理制度制定

在目标管理中，项目推进实施管理制度的制定，能起到提纲挈领的作用。项目推进实施管理制度的主要内容在于管人和理事，对人和事的管理，是在企业内外特定环境下和不同专业领域内进行的。

管理制度的制定和执行，有助于设置岗位责任、设定岗位人员的行为规范、实现对人员的管理。此外，管理制度还包括处理原则、处理程序、操作方法、奖惩等内容，以此监督项目推进的过程。因此，项目推进实施管理制度是目标管理的主要支撑。

1.　项目推进实施管理制度的制定原则

明确项目推进实施管理制度的制定原则，能保证管理制度发挥效用。其主要原则如下。

（1）规范性。对目标管理而言，始终不变的规范并不是最好的规范。企业应根据目标管理进程中项目发展的需要，进行相对稳定和动态的调整。在项目发展过程中，管理制度的变化周期应体现出相对稳定与动态的交替。

（2）层次性。项目管理是有层次的，其制度内容也应有层次。通常，项目推进实施管理制度应包含责任权利、岗位职能和作业基础三大层次内容。不同层次的制度内容包含了不同的管理要素。前两者体现企业目标管理的理念，后者则属于企业目标管理的操作和执行层面。

（3）适应性。制度是为了实现目标管理的成功而制定的，而不是为了制度本身。制定制度应结合项目管理实际，既要学习竞争对手的理念和规则，也要注意适应企业本身的特点。

（4）有效性。项目推进实施管理制度应对目标管理整体产生效果，而这需要确保制度能获得员工的认可。

在制定制度时，不能简单地由上级规定内容、下级无条件执行。而是要保持及时的反馈和沟通，当制度在执行过程中出现问题时，既要考虑行业普遍的标准，也要考虑人性化原则，合适地优化制度，确保目标管理的有序和高效。

（5）创新性。目标管理的动态变化，要求企业对制度不断进行创新。项目推进实施管理制度的规范性与创新性，应互为基础、相互作用。

2.　项目推进实施管理制度的分类

常用的项目推进实施管理制度，包括项目范围管理制度、项目进度管理制度、项目成本管理制度、项目质量管理制度、项目人力资源管理制度、项目沟通管理制度、项目风险管理制度、项目采购管理制度等。

4.1.3　项目看板及宣传用品制作

项目看板及宣传用品，是目标管理中项目推进的重要物料，需要在项目准备阶段就着手制作。企业应要求各部门按照规定或工作需要，指定专门人选或团队，负责设立、管理看板及宣传用品，并负责日常维护和及时更新内容，并形成有关标准。

1. 内容标准

看板及宣传用品的内容，应以企业（或部门）在生产、质量、安全、设备管理等项目工作为主题，既与企业的总目标保持一致，又符合企业实际情况和看板所在部门的实际情况。

（1）生产计划、生产完成进度、产量方面的信息。

（2）质量信息：合格产品数、不合格产品数、质量考核结果以及改善目标。

（3）现场管理责任区划分、现场管理工作检查标准。

（4）设备清扫点检查情况、设备运行状况、设备完好率、设备运转率和检查考核方面的信息。

（5）安全生产情况分析、安全管理检查和考核方面的信息。

（6）各种先进事迹和员工奖惩信息。

（7）与生产和员工相关的文件、公告、通知等。

（8）员工合理化建议及落实情况等。

2. 制作和使用的标准

看板及宣传用品的制作和使用的基本标准如下。

（1）本着"谁使用谁管理"的原则，看板及宣传用品应由各使用部门指定管理责任人负责日常维护，保持完好和干净。

（2）看板及宣传用品应设置在企业或部门重要通道旁等易看到的地方，看板及宣传用品规格、用材视情况而定。看板应做到版面整洁、美观大方、布局合理，主题突出、内容生动、图文并茂，看板右上角应设计管理责任人栏。

（3）看板内容及时更新，其中生产管理看板更新时间为每月第一周（遇节假日顺延）。

（4）看板及宣传用品内容的更新，由部门或班组看板管理责任人负责。看板及宣传用品内容公布前应经本部门负责人或分管领导审批。

（5）因生产、工作需要，需要暂时移动看板时，使用部门或班组的看板管理负责人应提前通知 6S（即在 5S 基础上增加了安全（Safery））督察员。工作结束后，使用部门或班组的看板管理负责人将看板恢复原位，恢复时间不得超过两天。看板发生人为破损，由责任人负责修复，不能原样修复的，由责任人照价赔偿。

4.1.4　内部动员及普及目标管理意识

在精益管理下，目标管理体系的相关方法、制度，应成为企业员工的行动指南。

项目准备阶段，管理者需要通过内部动员、宣传引导，帮助员工了解目标管理方法，避免用错误认知指导个人工作和发展。同样，员工应该积极更新认知，认清自己、部门、企业正面临何种挑战，需要解决哪些潜在的障碍，明确在推动目标管理过程中，自己需要做好哪些准备。这样才能有效避免企业在实施目标管理的过程中，产生内部分歧。

在项目启动之前，企业应利用多种形式进行内部动员。这些形式包括调研、会议、有针对性的交谈等。无论选择何种形式，动员过程都应遵循以下三个原则。

1. 以人为本的意识

项目准备的动员环节，应强调企业管理者、员工对项目的充分参与，鼓励他们共同推动目标的制定和达成，将个人需求和企业目标有机结合。

通过营造良好的动员氛围，上级和下级之间的关系将更融洽。面对共同的集体目标，他们会充分支持和尊重对方。同时，下级得到上级充分授权之后，会积极承诺完成目标，并因此而变得更有责任心。绝大多数员工的工作模式都会从单纯服从命令的被动工作模式，转为以自我管理为核心的主动工作模式。

2. 责任意识

目标管理意识，强调将企业的总体目标逐级分解，转化为各部门、各岗位、各员工的细分目标。这些目标由上至下、由整至分，形成了统一整体。正因如此，只有每个员工都树立了完成目标的责任意识，企业总体目标才有望实现。

及时推动责任意识在企业内部的树立，提高不同环节员工的协作能力，能加快完成企业的总体目标。

3. 重视成果的意识

在目标管理项目中，项目的起点是制定和宣布目标，其终点是对目标完成水准的绩效考核。

在进行内部动员时，管理者就应强调，在项目进程中，上级主要负责考核，并为下级提供足够支持，给予应有的自主权，而并非对下级的执行过程横加干涉。这意味着，只有最终呈现的项目执行成果，才是对员工考核和奖惩的依据。

通过类似的动员和宣传，员工会受到充分鼓励，专注于自身目标的完成。

4.1.5 公司内部战略研讨会

公司内部战略研讨会，是目标管理准备中的重要会议。通过研讨，企业内部能共享内外部资料、统一思想，进而确认关键事项。

公司内部战略研讨会，最好在每年 11 月～12 月召开，提前吹响年度战略经营计划制订和实施的号角。

下面是某企业内部战略研讨会的日程安排。

1. 第一天上午

研讨内容包括战略信息的分析、开发与共享。

（1）项目启动与研讨会介绍。

（2）战略分享与业务差距，包括市场与细分市场洞察、标杆企业研究、内外部视角下企业的差距。

（3）业务差距的研讨。

（4）分组汇报与总结业务差距。

（5）企业战略意图的分享。

（6）企业战略目标介绍。

2. 第一天下午

研讨内容包括战略意图和业务框架展示和介绍。

（1）战略意图框架介绍。

（2）战略意图与战略目标研讨、分组汇报与总结。

（3）服务创新案例介绍。

（4）创新焦点讨论框架介绍。

（5）创新焦点研讨、分组汇报与总结。

（6）介绍业务设计的概念。

（7）未来业务模式的分组讨论。

3. 第二天上午

主要研讨内容包括业务内容的设计、分享和研讨。

（1）业务设计，利用小组讨论汇报形式，分析总结未来业务模式。

（2）业务关键任务的研讨，如关键任务框架介绍、关键任务分组研讨和关键任务汇报。

4. 第二天下午

主要研讨内容为企业战略设计对领导力的要求。

（1）战略变革中，何谓领导力。

（2）变革中，领导行为的要求。

（3）围绕变革，对领导力和领导行为的总结。

（4）关键组织能力、人员能力的研讨。

（5）关键组织能力、人员能力的汇报。

5. 第三天上午

主要研讨方向是企业在战略执行过程中的转型与变革。

（1）总部、区域和子公司，就定位和经营责任的初步设计进行示意。

（2）组织定位和转型方向的研讨、建议。

（3）关键转型业务的优先排序。

（4）关键组织和人员能力任务的排序。

（5）变革任务实施步骤。

4.2 年度战略制定的六个关键

着手制定企业年度战略时，应重点把握六方面的关键内容，分别是核心指标、组织再造、岗位说明书、精益目标动员培训、项目启动和战略地图推进宣传。这些关键要素将从不同方面，为年度战略的成功制定和实行，奠定坚实的基础。

4.2.1　核心指标

企业年度战略的制定思路，主要有三种。第一种，主要对战略的适应性、可行性与可接受性进行评价，适用于战略选择阶段；第二种，主要从战略目标、重点、措施、步骤和方针等方面进行评价，适用于战略制定过程；第三种，主要从业绩方面评价，从实施结果上，反向影响下一次战略的制定。

无论选择哪种思路，都离不开核心指标的制定与运用。根据企业战略制定过程与内容的特点，需要设计的战略核心指标如下。

1.　适应性评价指标

适应性评价指标主要用于评价企业的战略是否同市场需求、技术进步等外界发展变化相适应，是否符合企业内部的实际情况和是否能满足企业的发展需求。

2.　战略实施过程评价指标

战略实施过程评价指标主要用于对战略实施的表现予以评价。该指标以定性分析为主，判断战略整体是否协调，是否能产生应有效率。

3.　战略业绩评价指标

战略业绩评价指标主要用于评价企业战略实施对技术发展的影响效果，采用定性分析和定量评价相结合的方式，主要从直接效果、经济效益和技术能力三方面进行评价。

（1）直接效果指标。主要通过对企业现状的分析，考察与制定战略之前相比，整体竞争优势是否显著增强。

（2）经济效益指标。主要衡量战略的制定和实施，对企业短期效益产生的影响。

（3）技术能力指标。主要衡量战略是否有效提高企业的技术能力，是否帮助企业形成核心竞争力。

战略所参考的核心指标，由相互联系而又相对独立的部分构成。企业应将这些指标作为制定战略目标的参考。

4.2.2　组织再造匹配资源

组织再造，是企业在制定年度战略时，必须重视的关键内容。企业在推进年度战略的进程中，向来强调以职能管理为核心的管理模式，但这种传统思维反而成了限制资源匹配的阻碍，组织再造由此成为革新趋势。

目前，企业对内部组织的管理，可划分为三个不同阶段。第一阶段强调以职能管理为核心；第二阶段，承认流程管理，但职能管理还是处于主导地位；第三阶段，关键流程所需资源驱动企业打造组织结构。

上述三个阶段的发展，能体现出企业对战略管理认知程度的不同，也反映出环境的实际变化情况。未来的企业，在进行战略管理时，必然强调流程管理，更加凸显组织再造的重要性。

流程管理，强调跨部门的协作，并将企业经营管理活动变得简单化、高效化。为此，需要从结果倒推相关运营过程，提出对不同资源的要求。企业的年度战略制定，需要突出关注不同组织之间的协同服务，集中重要资源，而非自上而下的职能划分。

通过组织再造，企业能建立相应的扁平化组织结构，从而将所有业务和管理活动，都看作连续的流程。在新的组织结构内，企业通过全流程运营，提升系统效率和整体绩效，以确保资源发挥更大的作用。

通过组织再造，企业还能有效打破各部门之间的屏障，推动各方积极合作，体现出全过程的协调和目标化。由此，企业的年度战略制定和管理将会产生更大效益。

4.2.3　岗位说明书与定岗定编

岗位说明书，又称职位说明书，包括不同岗位的基本信息、具体职责、岗位权限和任职条件。可以用"做什么""谁来做""谁来管"，来形容岗位说明书在企业年度战略制定中的作用。

图 4.2 所示为岗位说明书的内容。

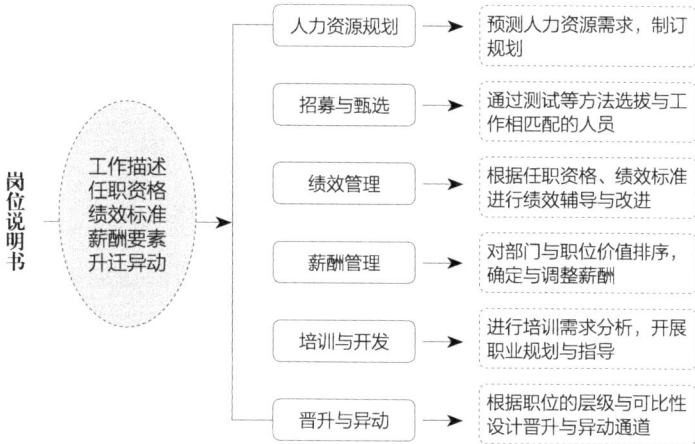

图 4.2　岗位说明书的内容

岗位说明书能明确不同岗位职责，确定岗位工作和考核标准，也可作为培训需求调查时的参考。

表 4.2-1 所示为岗位说明书范例。

表 4.2-1　岗位说明书范例

岗位说明书		岗位名称	项目总监	技术项目部
		直接上级	总经理	管理 / 技术
岗位使命		协助公司总经理规范管理公司的项目咨询体系，结合市场需求及公司发展战略建立并完善公司产品体系，以匹配项目顾问技能提升培训体系，提高公司的项目咨询能力		
岗位职能				
岗位性质	岗位模块	岗位描述		绩效考核
主要岗位	技术研发及产品体系	负责指导公司咨询体系研发和理论完善，提出计划和方案，报公司批准，组织实施		

主要岗位	技术研发及产品体系	负责指导公司知识管理体系的建立，实现知识共享	
		负责组织项目攻关团队，消除项目辅导过程中的服务质量不满意情况	
		负责项目案例库及顾问资质的完善	
	项目管理	负责项目计划、服务质量、交付、回款、客户满意、风险管控策略并落实执行	
		负责建立顾问能力提升的培训体系	
		和人事部门配合，制定项目管理条例，薪酬及职位晋升体系	
	技术服务	参与项目调研，方案编制、审核，带领项目团队完成公司经营性指标	
		根据公司安排参加公司项目辅导，履行项目顾问职责	
	其他	保持与公司各部门沟通通畅及协同配合	
辅助岗位	临时工作	上级安排的其它临时性业务工作	
管理岗位	部门管理	项目人数、成本、风险、回款、续签管理，团队提升，日常管理	
	自我管理	贯彻执行公司文件、会议精神、制度与流程	
主要工作权责		对公司发展规划及公司战略目标制订的参与权 对公司经营目标（计划）的分解权 对公司业务项目运行情况的知情权 对项目运行成本的监督权 对公司项目管理制度和流程的建设权、建议权 对体系完善和内部培训交流提升的建议权 对项目计划实施情况的落实监督权 对项目管理过程中出现重大失误及风险负责	
任职资格			
受教育水平		大学专科及以上学历	
工作经验要求		3年以上行业经验，5年以上管理经验	
能力素质要求		见公司各岗位能力素质模型	

通过岗位说明书的内容，企业管理者和员工都能了解岗位价值的影响因素，

明确岗位的工作内容。

在定岗定编过程中，应注意以下事项。

1. 岗位名称

岗位名称又称为职位名称，是对某一工作职位的特定称谓，体现了员工承担的任务内容和特点。岗位名称需要尽量规范，可根据《中华人民共和国职业分类大典》中的规定名称予以命名。

2. 所属部门

所属部门即岗位所在的机构或部门。在编写所属部门时，应编写到岗位所属的最小组织。

3. 报告关系

报告关系即该岗位的直接上级。

4. 薪资等级

薪资等级即岗位经过评价和薪酬设计后，薪资所处的位置，包括薪酬水平、结构、涨幅和福利待遇等内容。

5. 岗位概要

岗位概要即岗位设置的目的，即简短表述该岗位为何而存在。岗位概要可以用"动词＋对象＋结果或限制"的结构进行填写。

表 4.2-2 所示为岗位概要示例。

表 4.2-2　岗位概要示例

动词	对象	结果或限制
管理与协调	分公司全部设备、设施	在符合质量要求条件下，在安全和无害环境的工作场所，及时生产出计划设定的产量

6. 岗位职责

岗位职责是指该岗位的责任与任务，即出于对分解的企业使命的理解，按照企业要求，本岗位应做什么。岗位职责是岗位说明书的重要内容。

在编写岗位职责时，首先应将本岗位职责的主要模块加以确定，再对每个模块的工作任务进行描述。其中，每条职责都应尽量以流程形式描述，其描述的格式为"动词＋名词＋进一步描述任务的词语"。

7. 关键绩效指标

关键绩效指标即从哪些方面、以什么标准，对该岗位工作的效果进行评价。其中主要包括两个方面，一是工作结果，另一个是工作过程中的高绩效行为。

8. 岗位规范的编写注意事项

岗位规范属于任职岗位的资格，任职资格的规定应严格界定，其与工作绩效存在因果关系。其编写主要注意事项如下。

（1）资历，主要包括学历学位、所学专业、接受过何种培训、获得的职称和工作经验等。

（2）所需资格证书，即指从事本岗位工作所需要的证书。

（3）知识要求，主要包括业务知识、管理知识等。其中业务知识是指开展业务工作所必须具备的知识。管理知识是针对管理职位而言的。

（4）技能要求，主要包括基本技能和业务技能。基本技能是指完成各类工作都需要具备的通用能力。业务技能是指运用所掌握技能，完成专项业务工作的能力。

（5）能力要求和素质要求，能力要求是指完成工作所应具备的能力方面的要求。素质要求是指一个人所应具备的潜在特质方面的要求。

4.2.4　精益目标绩效概述动员会

开展精益目标绩效概述动员培训，是因为精益改善属于系统改造工程，不仅涉及企业内部的组织再造、流程再造，还关系到企业内部员工共同价值观的形成、共同行为准则的改造。因此，开始新的战略管理前，有必要针对企业内部全体员工，进行思想动员，并组织宣传活动。

开展精益目标绩效概述动员培训，一方面能确保全体员工行动一致，理解精益目标的重要意义；另一方面通过动员和培训工作，可以提高全体员工知识水平和对精益目标的认识水平。

精益目标绩效概述动员会，通常包括以下动员内容。

1. 精益目标宣讲

精益目标宣讲，作为动员会的第一个环节，非常重要。企业总经理应全面系统地向全体员工传达企业年度战略及精益目标计划，传达内容应简单、明确。

2. 精益目标责任人任命

在阐述精益目标计划后，要将企业战略经营管理责任，明确到各个部门的管理者。因此，在动员会上，企业需要公布年度组织结构、任命相关人员。

3. 签订目标责任书

在任命环节后，由总经理与每位副总经理签订精益绩效目标责任书，再由总经理、分管副总经理与各部门责任人签订目标责任书。

4. 年度激励方案说明

目标责任书签订完成后，由人力资源总监或人力资源部门经理代表，向全体员工说明精益绩效目标激励方案。在该环节，应该将激励方案讲述清楚，确保员工明白精益绩效的企业目标、部门目标、岗位目标与自身利益的关系。

5. 责任团队宣誓

动员会的最后一个环节，是企业总经理带领全体精益绩效目标责任人宣誓，以表达完成精益绩效目标的决心和信心。

4.2.5　战略项目启动会议

企业管理层正式制定战略并确认执行时，通常应采用适当方式，在企业内部进行正式的沟通。

具体的沟通形式多种多样，包括管理层内部发布邮件通知、战略项目启动会议等，其形式可结合战略项目需要、企业自身特点加以选择。其中，战略项目启动会议是经常采用的方式。

战略项目启动会议应由企业高层管理者主持，由参与项目的各部门负责人参加。在会议上，管理层应宣布该战略项目的领导成员、团队成员、顾问和发起者，并对相应人员加以任命。同时，应明确说明项目目的、时间规划、执行责任、行动方案等。

4.2.6　公司级目标战略地图推进宣传

当企业制定战略后，要对战略内容进行积极地宣传、解释，使企业内各级组织和全体员工明确战略内容，尤其应明确企业级目标战略。这样才能有利于各级组织和员工的行动与企业战略方向保持一致，发挥协同作用。

正因如此，企业应将战略转化为战略地图。战略地图可提供清晰、全面的结构，对战略加以描述，通过不同维度中一系列具有因果关系的战略目标，描述企业创造价值的过程。

在推进宣传中，企业战略内容应进一步细化衡量，便于员工理解和记忆。战略地图只是将企业战略定性分解为四个维度，但没有做到全面量化。为此，需要将战略地图上的目标，进一步转化为指标和目标值，向员工宣传，实现企业战略的数字化。

同时，企业整体的战略地图需要被进一步分解到各个部门，形成各个部门的内部战略地图，并对应不同的指标和目标值，形成企业纵向和横向的战略协同。

4.3　战略地图与战略管理

战略管理，是企业精益经营中不可缺失的内容。通过制定和执行战略地图，企业的战略管理将更加高效，有助于提升精益经营的效率。

4.3.1　什么是战略地图

战略地图，是在企业战略引导下，使用图片或表格的形式，从财务、客户、流程、学习与成长四个层面，对企业战略目标加以定义，明晰四个层面目标之间的因果关系。

在战略地图上，企业战略不同层面的目标内容相互作用，使管理者能用更为连贯、完整和系统的方式，对企业战略加以审视。因此，战略地图可以看作描述企业战略的工具。

表 4.3-1 所示为战略地图的内容层面。

表 4.3-1　战略地图的内容层面

财务	为使股东满意，企业应达到何种财务目标
客户	为达到财务目标，应给何种客户提供何种服务
流程	为使客户和股东满意，应对流程进行哪些优化
学习与成长	为优化流程，提供更好的服务，企业应如何学习和创新

从战略目标出发，将实现总体目标的路径分解成四个层面，企业战略地图的结构变得更加清晰、明确。这四个层面之间，本身存在层层递进的关系——只有先学习与成长，才能优化内部流程；只有内部流程得以优化后，客户才能得到更高价值的产品与服务，企业才能达到更高的财务水准。

针对某银行的战略地图内容，简要分析如下。

1. 学习与成长层面

对该层面目标，该银行拆解为组织资本、信息资本和人力资本。

（1）组织资本。通过文化、领导力、团队工作等方面的建设，形成以客户为中心的核心价值，确保能力和领导力模型符合实际要求，确保战略认知度、个人目标的一致，达到最佳的团队工作效率。

（2）信息资本。建设事故追踪系统、交换语音系统、业务组合规划系统、客户关系管理系统、客户盈利性系统、项目管理系统、员工数据图等系统工具。

（3）人力资本。建设质量经理、呼叫中心代表、注册财务规划师、推销员、合资企业经理、社区招募人员等骨干员工队伍。

2. 流程层面

学习与成长层的资本运营和系统建设，可以推动内部价值创作流程的变更。这些变更主要体现在运营管理、客户管理、创新等部分。

（1）运营管理。运营管理包括问题最小化、提高快速反应能力。

（2）客户管理。客户管理包括交叉销售产品线、转向合适渠道、了解新客户。

（3）创新。创新包括开发新产品、员工队伍多样化等。

3. 客户层面

该层面目标，主要可分为以下三种。

（1）产品、服务特征目标。利用价格、质量、集成化产品等措施达成。

（2）关系目标。采用金融顾问、一站式等手段，增加高价值客户的数量。

（3）形象目标。塑造可信赖品牌，提升企业形象。

4. 财务层面

该层面目标，主要包括以下内容。

（1）减少单位客户成本。

（2）增加客户数量。

（3）提高单位客户收入。

如果上述目标达成，该银行可以实现生产率增长的战略目标，进而实现企业净利润的提升。

企业战略地图的益处，在于提升围绕战略的沟通效率。很多企业虽然制定了新的战略，但无法成功执行。其最大原因在于未能全面、清晰地描述战略，导致员工无法了解战略，也就无法衡量和执行战略。只有企业形成了清晰的战略地图后，战略管理才能获得扎实的推进工具，提供明确的推进路径。

4.3.2　什么是战略管理

企业的战略管理，应从战略开始分析。只有先理解战略的概念，才能充分认识战略管理。

1. 战略

战略，原用于军事，即对战争全局的筹划。具体到企业管理上，战略是指管理者为实现企业长期生存和发展，在综合分析企业内部条件、外部环境的基础上，进行一系列具有全局性和长远性的谋划。

管理学家德鲁克说："在超级竞争的环境内，正确地做事很容易，始终如一地做正确的事情却很困难。组织不怕效率低，组织最怕高效率地做错误的事情。"为避免这种错误，企业就必须重视战略。因为只有战略正确，细节才有意义，执行过程才有意义。

企业的战略管理，就是高层管理者做正确的事，以指导中层和执行层能正确地做事。

表 4.3-2 所示为战略的六大特征。

表 4.3-2 战略的六大特征

序号	名称	内容
1	全局性	从企业全局角度出发，对企业发展的远景目标和行动纲领加以确定
2	长远性	着眼企业未来，谋求企业长远发展和利益
3	纲领性	对企业行动加以概括和指导，形成纲领
4	客观性	战略建立在对企业内外环境客观分析的基础上
5	竞争性	运用战略管理，在竞争中战胜对手，赢得市场和顾客
6	风险性	战略着眼未来。未来充满不确定性，因此战略带有一定的风险

战略的六大特征，并非分别体现，而是集中体现在企业战略管理的核心策略上，表现为不同方面的特征。

例如，作为互联网企业巨头，腾讯战略管理的核心策略在于三点，分别如下。

① 海量用户群基础，不断应用捆绑推送功能。

② 雄厚的研发实力，较强的借鉴和超越功力。

③ 强大的整合并购策略，能迅速响应市场最新需求。

上述三大举措无疑都体现出全局性、长远性、纲领性、客观性和竞争性特征，当然，也具有一定的风险性。

企业战略，还可以根据层级做进一步细分，包括公司总战略、事业部战略、职能战略和战术。

（1）公司总战略，即公司层面做正确的事情，如增长战略、维持战略、紧缩战略、组合型战略等。

（2）事业部战略，即在公司的每一项事业里，应如何进行竞争，包括成本领先战略、差异化战略、集中化战略等。

（3）职能战略，即公司将如何支撑总体和事业层面的战略。例如，市场营销战略、人力资源战略、财务战略、生产战略、研发战略等。

（4）战术，即更多强调执行者如何将一件事情做正确，重在具体人员工作的方式、方法和规范等。

企业进行科学的战略管理，可以为发展指明方向。战略是企业和所有员工的行动纲领，企业如果没有战略，就如同轮船没有舵，难以坚持正确航线。战略管理能提升企业的预见性，克服短期行为，正如古人云："不谋万世者不足谋一时，不谋全局者不足谋一域。"战略管理凸显了谋划未来的重要性，是企业经营管理成功的关键。

2. 战略管理

企业的战略管理，是企业高层管理人员为企业长远生存与发展而进行的动态管理过程。这一过程必须充分分析企业的内外环境，选择有效的战略，并将战略付诸实施、控制和评价。

企业战略管理，包括企业对战略的制定、实施和控制内容，相当于个人的职业生涯规划。企业有了战略管理，才能变得更富于成长性。

（1）战略管理的原则。企业战略管理的原则，主要有以下内容。

① 适应环境原则。企业无法与社会系统割裂，企业的存在、发展，在很大程度上受到企业内外环境因素的影响。

② 全程管理原则。战略管理是一个整体过程，主要包括战略分析、战略制定、战略实施、战略评价和修正。

③ 全员参与原则。战略管理并不只是企业领导层、管理层的工作，在战略管理过程中，企业内所有员工都应充分参与。

④ 整体最优原则。企业应作为整体参与战略管理，要实现整体的最优化，而非局部的最优化。

⑤ 反馈修正原则。战略实施过程中，环境随时可能变化，企业必须不断根据实际情况修正，以确保战略适应性。

（2）战略管理流程。战略管理流程是相互联系、循环往复、不断完善的过程，包括战略分析、战略制定、战略实施、战略评价和修正等四个环节。

① 战略分析，是指分析影响企业目前和未来的关键因素，判断它们如何影响企业的生存和发展。

战略分析是战略管理的第一步，其目的是通过对企业外部环境和内部环境的分析，找到企业发展所面对的外部机遇和威胁、内部优势和劣势，从而扬长避短，增强竞争优势。

在战略分析中，通过研究内外部环境，才能确定企业可以选择什么、做什么。

具体分析环境时，首先应分析宏观环境。宏观环境包括政治和法律环境、经济环境、社会和自然环境、技术环境等。

表4.3-3所示为宏观环境分析的具体内容。

表4.3-3 宏观环境分析的具体内容

政治和法律环境	制约和影响企业的政治、法律、法规等
经济环境	经济结构、经济增长率、财政与货币政策、能源和运输成本、消费倾向与可支配收入、失业率、通货膨胀与紧缩、利率、汇率等
社会和自然环境	教育水平、生活方式、社会价值观与习俗、消费习惯、就业情况等。人口、土地、资源、气候、生态、交通、基础设施、环境保护等
技术环境	创新机制、科技投入、技术总体水平、技术开发应用速度及生命周期、企业竞争对手的研发投入、社会技术人才的素质水平和待遇成本等

首先应分析宏观环境。分析宏观环境能确定宏观环境中对行业和企业有所影响的关键因素。企业应预测这些关键因素带来的变化，分析这些变化将如何影响行业，以及为企业带来怎样的机遇和威胁。

其次应分析微观环境，即对行业、产业和竞争环境的分析。其中主要应分析行业竞争结构内多种因素的具体变化，分析企业如何盈利，并在此基础上确认企业所面临的机遇和威胁。这些微观的竞争因素包括现有同行间竞争、新进入者威胁、替代品威胁、供应商谈判能力和客户砍价能力。五种力量模型能将大量的不同因素转变为简单明确的模型，以此向管理者展现企业所处行业的基本竞争态势。

再次应分析内部环境。与竞争对手比较，分析企业的竞争优势，从竞争优势的价值性、独特性、延展性等方面，判断其核心竞争力。将核心竞争力与行业特点相匹配，判断企业是否具有新的核心竞争力，或是否能进入相关行业。

最后应结合分析内外部环境，积极利用企业竞争优势和外部机会，化解和克服内部劣势和外部威胁。在内外部环境结合分析过程中，需要罗列企业的优势（S）、劣势（W）、机会（O）和威胁（T），并将之组合，形成 SO、ST、WO、WT 等四种策略。通过对这些策略的甄别和选择，制定目前企业最应采取的具体策略。

② 战略制定。在战略制定前，企业管理者应思考两大问题。首先是"我们正在何处，我们将要走向何处"，这个问题解决企业战略的背景和愿景问题；其次是"我们为什么能得到回报，我们的业务是什么"，这一问题解决企业战略的使命问题。

企业愿景，是企业对未来的憧憬和期望，是企业努力经营要达到的长期目标，也是企业发展的蓝图，能体现企业的追求。企业愿景需要解决的问题是"我们要成为什么"，体现出管理者选择的企业业务方向、描绘的企业的未来定位。

企业使命，描述企业在市场和社会中所承担的基本功能，解释企业将为客户提供何种产品和服务。企业的使命是其存在的原因，也是企业经营管理的意义。在企业战略管理中，凸显企业使命，能提升员工对企业战略的重视程度，为企业战略的执行提供源源不断的动力。

③ 战略实施，是围绕战略目标进行的企业内自上而下的动态管理过程。

战略目标，是指企业为完成使命，而在一定时期内需要达成的特定业绩目标。战略目标是企业使命的具体化，能体现出企业经营活动所选定的方向、所要达到的水平。

战略目标在企业高层达成一致后，再向中下层传递，并在各项工作中分解落实，这就是战略实施的过程。在此过程中，可采用的方法主要包括组织调整、调动资源和管理变革等。

组织调整，是指在战略实施过程中，企业需要调整组织结构，支持企业成功运营。

调动资源和管理变革，是指企业在调整和执行战略时，应改变日常行为，革新文化，克服原有阻力。

④ 战略评价和修正，是指将战略实施的实际结果和预定的战略目标加以比较，并检查两者是否存在偏差，采取有效措施加以纠正，确保战略目标的实现。如果出现较大偏差，就应修改原有的战略目标或执行方法。

4.4　战略地图开发的 5S 步骤

战略地图开发，需在企业战略的指导下进行。开发战略地图，需要对企业各个层面的业务进行具体规划，并在战略管理的基础上，对不同业务进行细化。

不同企业战略操作的侧重点与涉及的工具存在差异，但主要的 5S 操作步骤基本相同。

4.4.1　确定股东价值目标

战略地图开发的第一步，是确定股东价值目标。这需要开发者参照企业战略，结合本企业愿景、使命，对战略内容进行分析，再根据分析内容来确定股东价值目标。

确定股东价值目标，主要应集中在财务层面。例如，股东期待 5 年后销售收入能达到 5000 万元，但现在只达到 2000 万元，距离股东的价值预期还差 3000 万元。该预期差距就是股东价值目标，也是企业的总体目标。

通常情况下，股东价值目标有几种表达方式，可能是利润增长、销售增加、成本控制，也可能是长期稳健运营、风险控制等。

图 4.4-1 所示为确定股东价值目标的方法。

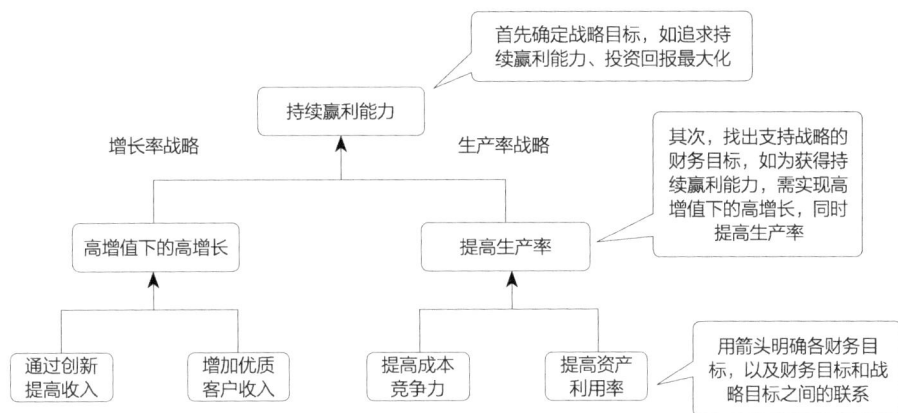

图 4.4-1　确定股东价值目标的方法

确定股东价值目标的主要方法，包括以下步骤。

1. 确定战略目标

首先，应确定企业战略目标，如追求持续赢利能力、投资回报最大化等。

2. 明确财务目标

在该步骤中，需要找出支持战略的财务目标。例如，为获得持续赢利能力，企业必须实现高增值下的高增长、提高生产率这两大目标。

3. 建立目标之间的关系

在战略地图上，用箭头进一步明确各财务目标之间的关系。例如，实现提高成本竞争力、提高资产利用率两大目标后，才能实现提高生产率的目标；实现通过创新提高收入、增加优质客户收入的目标后，才能实现高增值下高增长的目标，进而实现提升持续赢利能力的战略目标。

建立各级财务目标之间的联系，最终建立财务目标和战略目标之间的联系，战略地图开发者就能确定股东价值目标。

4.4.2 确定客户价值主张

战略地图开发的第二步，是确定客户价值主张。企业管理者应根据战略和财务目标，从产品和服务特征、与客户的关系定位、需要展现的形象等方面，确定客户价值主张。

确定客户价值主张，先要对现有客户进行分析，调整企业的客户价值主张。

1. 客户价值主张分析

客户价值主张，通常有以下四种。

（1）总成本最低。这种客户价值主张最为简单，在战略地图开发上一目了然。在其指导下，企业应通过提升流程效率、压缩费用、降低成本等手段，确保企业的整体运营成本最低，进而满足客户需求。

（2）强调产品和服务创新。这种客户价值主张并非要求企业一味压缩成本，而是希望企业通过不断创新，持续提供具备竞争力的产品与服务。

（3）强调提供全面的客户解决方案。当面对这种客户价值主张时，提供简单的产品或产品组合已不再能满足客户需求。客户需要企业通过战略管理，为之打造全方位的解决方案。

（4）系统锁定。这种客户价值主张，看重的并不是产品或解决方案本身，而是需要企业进行全方位的评价和衡量，确保长期稳定地提供产品与服务。

2. 确定客户价值主张的流程

确定客户价值主张，也同确定股东价值目标一样，有其特定的流程。图 4.4-2 所示为确定客户价值主张的流程。

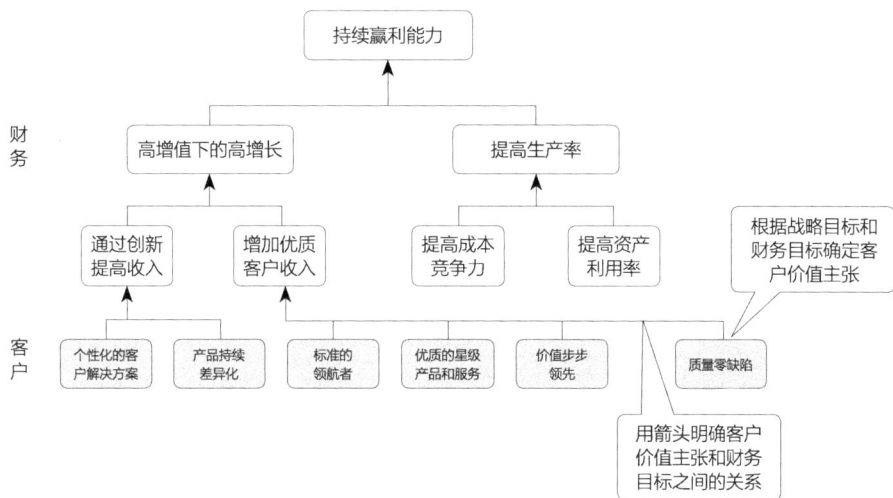

图 4.4-2　确定客户价值主张的流程

以股东价值目标是拥有持续赢利能力为例，该目标在财务上体现为高增值下的高增长、提高生产率等，分别对应通过创新提高收入、增加优质客户收入，提高成本竞争力、提高资产利用率等目标。

将上述目标与客户价值联系，就能根据战略和财务目标，确定客户价值主张。其中，箭头可以明确客户价值主张和财务目标之间的关系。

例如，实现"通过创新提高收入"的财务目标，能满足客户"个性化的客户解决方案"和"产品持续差异化"的价值主张。实现"增加优质客户收入"的财务目标，能满足客户"标准领航者""优质的星级产品和服务""价值步步领先"和"质量零缺陷"等价值主张。

3. 确定客户价值主张的方法

企业管理者应采取以下步骤，确定客户价值主张。

（1）企业可以对客户的价值主张进行初步分析，了解客户对哪些方面较为关注。例如，确定是持续稳定的质量、合理的价格、交货期，还是客户服务等因素，企业可以围绕这些进行客户调查。

表 4.4 所示为客户价值调查表。

表4.4　客户价值调查表

序号	客户名称	客户价值主张的描述	客户价值主张对企业的影响	客户价值主张对企业影响程度的大小	企业将采取何种措施满足客户价值主张

（2）确定客户价值主张后，企业应明确要在内部运营流程的哪些方面做出较大提升。

例如，客户对持续稳定的质量更为关注，企业就要做好运营管理流程中与质量相关的工作。如果客户更关注服务，企业就要做好客户管理流程中与服务有关的工作。如果客户更关注信誉良好的公众形象，企业就应努力做好社会流程中与合规性相关的工作。

（3）明确内部运营流程重点后，企业即可着手进行提升，通过调动和运用人力资本、信息资本、组织资本等，加快推动战略管理转型，实现客户价值主张。

4.4.3　确定价值提升时间

价值提升时间表，实际上是企业实施战略的时间进度表，它描述了企业通过不同的内部流程，在整个时期内始终在创造价值。

确定了价值提升时间表，即确定了目标实现的时间表，从而可以对战略实施的总时间予以划定。例如，针对未来三年应实现500万元股东价值的目标，应确定具体的时间表，具体的时间表应包括第一年应提升多少，第二年、第三年各提升多少，最终形成价值提升时间表。

确定价值提升时间表，还应事先将股东价值目标和客户价值主张分配给财务目标，再将财务目标分解，形成分支目标。这样，分支目标才能和具体的时间表联系，增强战略目标的可行性。这意味着，确定价值提升时间表是为实现主要流程层面和学习成长层面的目标做准备。时间表的内容并不一定具体体现在战略地图中，但却是战略地图展开的依据。

4.4.4　确定价值创造流程

当企业制定了财务目标，明确了股东和客户价值定位，确定了价值提升时间后，接下来要面对的问题就是如何实现财务目标，如何为股东和客户创造价值，如何准时地提升价值。企业的内部流程，是创造价值的关键。

1.　价值链

为了更好地理解企业内部流程对创造价值的重要性，应先需要理解什么是价值链。企业生产过程中，会涉及多个环节，如设计、生产、销售及辅助服务等，这些环节集合在一起，虽然互不相同但又紧密联系，它们构成了企业生产经营活动流程，形成了创造价值的动态过程，即价值链。

价值链包含了以下三层含义。

（1）企业各项活动之间存在紧密联系。例如，原材料供应的计划性、及时性和协调性，与企业的生产制造有密切联系。

（2）活动能给企业带来有形或无形的价值。例如，企业密切关注客户需求，从而做好售后服务活动，提高企业信誉，带来无形价值。

（3）价值链不仅包括企业内部的活动，还包括企业外部的活动。企业外部活动包括和供应商之间的关系、和客户之间的关系等。

价值链的含义说明，企业之间的战略竞争不只是管理者之间的竞争，还是整个价值链的竞争。整个价值链的竞争力影响企业战略的竞争力。

2.　价值创造流程的分类

确定价值创造流程，即确定战略主题。为此，企业要确定关键流程，以及企业在短期、中期、长期分别应做哪些事情。

通常而言，有四个关键内部流程至关重要，即创新流程、运营管理流程、客户管理流程和社会流程。这些业务流程构成了企业的价值链。

图 4.4-3 所示为企业的价值链。

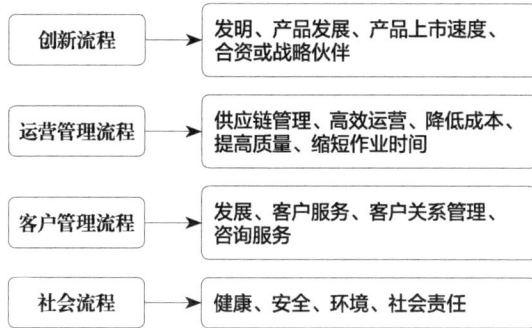

创新流程	→	发明、产品发展、产品上市速度、合资或战略伙伴
运营管理流程	→	供应链管理、高效运营、降低成本、提高质量、缩短作业时间
客户管理流程	→	发展、客户服务、客户关系管理、咨询服务
社会流程	→	健康、安全、环境、社会责任

图 4.4-3　企业的价值链

企业的创造性活动，都体现在构成价值链的价值创造流程中。这些价值创造流程可以分成上述四组业务流程，分别对应不同的战略主题。尽管这些流程都十分重要，但企业应重视对客户价值主张影响大的流程。相对而言，其他流程可以作为辅助重视项，而不是主要重视项。

例如，客户价值主张集中在产品优势上，则企业应更注重创新流程，通过发明新产品、促进产品发展和加快产品上市速度，满足客户价值主张。

客户价值主张集中在作业优势上，企业就应更强调运营管理流程，通过降低作业流程的成本、提升质量、缩短作业时间、构建和谐的供应商关系等，从而满足客户价值主张。

价值创造流程的区分为企业在规划战略地图、界定作业流程时，提供了清晰的思路。但在实际操作中，不少企业忽略或未能领会上述精神，选择了错误的价值创造流程。例如，有些采取创新或客户管理流程的企业，在规划战略地图时，选择了着重于制造成本与质量的内部流程指标，这会导致企业的战略管理与价值创造流程之间，缺乏必要的一致性。

3. 价值创造流程的绘制

在绘制战略地图时，可以采取同之前步骤类似的方法，以一一对应的方式，明确战略主题、客户价值、财务目标和流程改造之间的关系。

图 4.4-4 所示为价值创造流程。

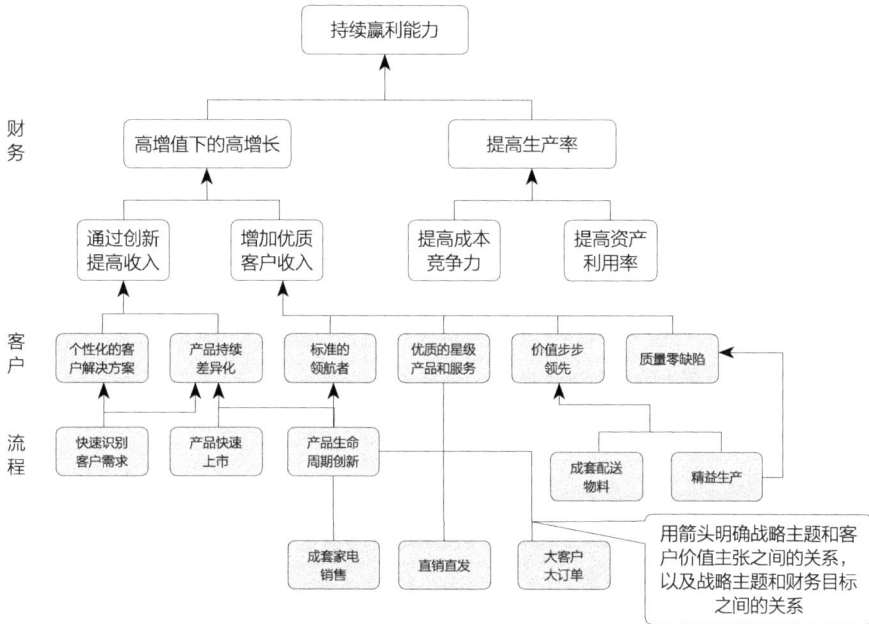

图 4.4-4　价值创造流程

为满足客户的多项需求，企业结合财务目标、客户价值主张确定了战略主题，并形成关键流程。正是这些流程，为企业指明应该在短期、中期和长期做哪些事情。

例如，"个性化的客户解决方案"的客户需求，对应流程为"快速识别客户需求"。

"产品持续差异化"的客户需求，对应流程为"快速识别客户需求""产品快速上市"和"产品生命周期创新"。

"标准的领航者"的客户需求，对应流程为"产品生命周期创新"和"成套家电销售"等。

在战略地图中，应利用箭头，明确关键流程和客户价值主张之间的关系，进而整理出同财务目标之间的关系。

4.4.5　确定战略资产准备

战略资产准备度，是指企业的无形资产（包括人力资本、信息资本和组织资本等）与企业战略协调一致的程度。企业确定战略资产准备度，需要确定支持战略流程所需要的人力、信息和组织资本等无形资产。

管理者应分析企业现有无形资产的战略准备度，了解其具备或者不具备支撑关键流程的能力。如果不具备，即需找出办法来予以提升。因此，本步骤应集中于确立学习与成长层面的设定目标。其确立的方法，和其他三个层面的方法并不相同。实现学习和成长目标，能推进战略地图中关键内部流程的改进。实现该目标，管理者即可以明确关键内部流程的战略准备度。

图 4.4-5 所示为确定战略资产准备度的步骤。

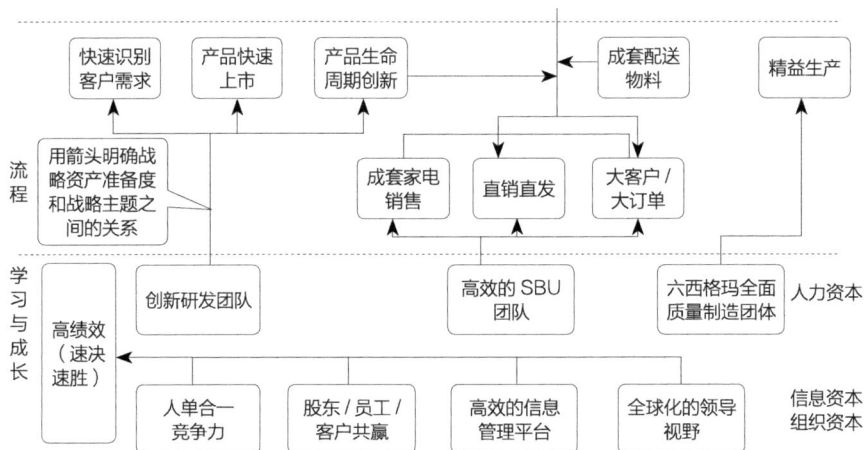

图 4.4-5　确定战略资产准备度的步骤

企业确定战略资产准备的步骤，包括信息资本、组织资本、人力资本三大层面。

1. 信息资本

信息资本包括信息的硬件基础和应用软件两个方面，对企业的经营效率具有直接影响，是促进企业发展的直接动力。

2. 组织资本

组织资本是指由企业内部管理经验积累而形成的资本。组织资本能影响企业各部门协调一致的程度。

3. 人力资本

人力资本即员工的专业技术、知识、协调能力、沟通能力，以及他们的企业战略目标的统一认识程度。

在信息资本和组织资本层面，企业需要形成全球化的领导视野、搭建高效的信息管理平台，实现股东、员工、客户共赢，形成人单合一竞争力等。

在人力资本层面，需要建设创新研发团队、建设高效 SBU 团队、建设六西格玛全面质量制造团队等。

上述三大层面措施，并非孤立存在，而是相互影响，共同发挥作用的。无论其中哪一层面没有做好，都会导致企业整体战略不能有效实施。例如，在企业经营中，如果出现紧急事件，就既需要企业员工有较高的素质，也要有随机应变的能力，同时需要企业严密组织、清晰分工，确保信息网络的畅通快速。只有这样，才能及时准确地实现战略规划，满足客户需求。当三大层面的战略准备充分完成后，就能推动企业高效地学习成长，从而以优质战略资产推动关键流程的改进。

4.5　战略地图开发的四个重要基础

战略地图开发的高效、成功，取决于四个重要基础。这四个重要基础分别是明确的战略描述、明确的客户价值主张、明确的关键价值创造流程和明确的战略资产准备报告。

4.5.1 明确的战略描述

企业的战略描述，是指企业管理者如何看待用以指导企业职能活动的战略。战略描述通常包括市场营销战略、财务战略、研究与开发战略、人力资源战略等。所有战略都是为企业整体战略管理服务的。例如，企业战略管理确立了差异化的发展方向，要培养创新的核心能力，企业的人力资源战略就必须体现鼓励创新内容。同时，企业的人力资源战略还应重视培训、鼓励学习，将员工对创新的贡献纳入考核指标体系，在薪酬方面加强对不同创新的激励等。

明确的战略描述，不只是列举出企业战略的方向和内容，而是指出企业中不同职能部门应在战略指导下所分别采用的方法和手段。战略描述并不等同于企业的战略内容。与战略内容相比，战略描述所涵盖的时间跨度更短，内容更加具体和专业化。因此，对战略的描述，也需要较低层管理人员的积极参与。事实上，在制定战略阶段，吸收低层管理人员的意见进而描述战略，对成功规划战略地图有重要意义。

主要的战略描述内容，包括以下方面。

1. 市场营销战略

市场营销战略，是涉及市场营销活动过程的方案，影响着市场营销的主要活动内容和方向，也是企业战略成功的基础。

2. 财务战略

财务战略，是根据企业战略管理的要求，对企业资金予以筹措、运用、分配，以确保取得最大经济收益的方法。描述财务战略，即利用适当的财务计划和控制方法，确定合理的资金结构，充分有效利用各种资金，提高资金的使用效率，促进企业战略目标的达成。

3. 研究与开发战略

面对技术、产品、市场和人才的竞争环境，企业必须配合市场营销等活动，对研究与开发战略加以描述，从而确保企业在技术上的领先地位。

4. 人力资源战略

人力资源战略应适应企业生存和发展的需要，对企业人力资源进行开发，以提高企业员工队伍的整体素质。构建人力资源战略，能从中发现和培养优秀人才。为此，应以企业总体战略的要求，确定人力资源战略的目标。

为全面描述人力资源战略，应将之分为人力资源开发战略、人才结构优化战略和人才使用战略三方面。其中，人力资源开发战略主要集中于有效开发企业内部和外部环境的人力资源，以提高员工的素质和能力。

4.5.2　明确的客户价值主张

客户价值主张，是企业战略模式内的核心要素，是指能为客户创造价值，并最终为企业带来收益的价值方向。通过明确描述客户价值主张，企业能清晰地表达思路，确定将在哪里创造价值，如何发掘价值。

与战略管理相关的所有活动，实际上都是围绕客户价值主张展开的。将客户作为中心，倾听客户的心声，明确客户的价值定位，针对客户不断变化的期望，形成迅速反应的能力，成为企业战略管理的关键。

客户价值主张，需要解决三大问题，即企业的目标客户是谁、他们有什么样的需求、如何满足他们的这些需求。

为了明确目标客户是谁，必须重点了解他们的特征、分布和形象。

为了明确客户的需求，必须解决某个重点问题，并了解其中所需要完成的工作。

为了满足客户的需求，必须清楚提供何种产品或服务，即满足需求、解决问题的路径。这些路径不仅包括产品本身，也包括服务的方式。

针对上述三大问题，企业还应明确自己提供的产品、服务特征，企业和客户的关系，企业以怎样的品牌与形象出现在客户面前。尽管不同企业有不同的客户价值主张，但都是通过战略地图来描述模型的。无论企业选择何种战略、采用何种方式满足客户价值主张，都能通过这三个层面描述，并对客户价值主张进一步细分。

例如，产品和服务特征，可以细分为产品和服务的价格、质量、可用性、可选择性、可替代性等，这些都能用来描述产品和服务的特征。企业和客户之间的关系，可以通过提供何种服务、建立何种联系等内容具体描述。

一旦明确了客户价值主张，企业就能满足特定客户的特性需求。这意味着，企业既应明确表达为客户提供怎样的产品或服务，也应明确不向客户提供的产品或服务。并不是所有客户都会成为企业的目标客户的，而企业的战略管理也不是为所有潜在客户服务的。

为此，企业有必要明确客户价值主张。客户价值主张越清晰，客户对企业新的战略方案就会越感兴趣。

什么样的客户价值主张，才是最清晰的呢？那就是具备独特性的客户价值主张。那些无法明确价值主张的企业，其产品或服务无法满足客户的真正需求。因此，只有差异化的客户价值主张，才能使企业进行差异化的战略管理定位，进而产生差异化的竞争优势。

历史上，美国西南航空公司通过对客户价值主张的描述，将之精准明确为三个元素，分别是友好服务、速度、直航班次。正因有了明确的客户价值主张，这家企业才选择比照汽车运输费用对机票定价。同时，该企业没有在旅行用餐、商务舱候机室、座位选择等流程上进行过多投资。这些都构成了该企业的差异化竞争优势，而他们的竞争对手没有明确这一点，所以难以和西南航空长期竞争。

需要注意的是，客户价值主张应该简单、明确，但企业在描述客户价值主张时，试图面面俱到，而这会分散重点，导致描述的客户价值主张不够精确。

4.5.3　明确的关键价值创造流程

基于战略地图的流程优化，企业不必对所有流程进行全面梳理和优化，而应找到影响战略目标实现的关键环节，进而从这些环节入手，明确需要优化和再造的价值创造流程。

明确的关键价值流程，能使企业的战略管理更容易成功。

可以按照四步法明确关键价值创造流程。

1. 流程体系的规划

企业的战略地图规划与选择，影响其价值链内容。在对关键流程进行优化与再造时，首先应将企业价值链和核心业务逻辑进行系统分析，再进行企业流程体系规划。

企业在规划流程体系时，应围绕战略地图上的经营目标，逐步分解关键业绩指标。随后，寻找指标达成的逻辑关系，识别每项指标的关联流程，明确关键价值创造流程的优化方向。

2. 流程现状描述

明确待优化流程清单后，企业应利用多种工具和方法，对流程现状进行客观描述。其中主要使用的描述方法，包括流程作业现场调查、文档调查、研讨会、问卷调查、现有解决方案的跟踪和调查、典型案例调查和分析等。

流程现状描述对明确关键价值创造流程具有重要作用，主要体现在以下方面。

（1）帮助企业及时发现流程的改进节点。调研、分析流程的现状，发现其中存在的不合理之处，为流程优化打下良好基础。

（2）透过现象了解本质。如果企业没有认真调研分析流程现状，很容易凭借管理者的主观感受，或者部分信息，对流程中存在的问题做出错误判断。

（3）识别流程优化的基础。企业想要让流程发挥更大作用，就要识别其优化的基础，包括流程存在什么问题、哪些需要改进等。只有通过识别，才能对流程现有基础绩效进行衡量，从而明确流程绩效的要求和标准，真实表达客户期望。

（4）显示流程利益相关者。在企业的日常运营中，有些流程可能存在多个客户，而有些流程的客户并不明显。为此，企业管理者需要对不同流程利益相关者加以精准识别，对他们的需求进行科学分析，将企业资源加以整合配置，使之达到均衡。

（5）识别关键流程与其他流程的联系。通过对流程的分析与调研，管理者才能找到关键流程与其他流程之间可能存在的问题、矛盾与不足，从而积极地调整、优化，促进企业内部整体管理系统协调运营。

3. 分析流程问题

描述清楚流程现状后，就能通过多种手段呈现流程问题，找准优化方向。分析流程问题的方法主要包括以下四种。

（1）观察，即通过对流程绩效的观察，发现存在的问题。例如，识别与流程相关的绩效指标，分析这些指标数据，了解其中存在的问题。

（2）调查，即通过对流程文档、流程管理成熟度等的调查，发现流程存在的问题。

（3）询问，即通过提问题、访谈、调查等手段，发现流程中存在的可能降低价值的漏洞。

（4）测量，即通过测量时间、标杆对比、现场模拟、实际参与等方式，暴露流程的不足。

4. 流程优化与再造

流程优化与再造，两者既有联系，也有不同。前者是在现有流程的基础上，进行局部调整和优化。后者是指对企业原关键流程进行脱胎换骨式的改变，目的在于让企业获得新生。

明确关键价值创造流程的提升方法，离不开流程优化和再造两方面。

（1）流程优化。流程优化包括删除非增值环节、优化流程顺序、压缩影响关键流程实现的环节、重新配置资源、组织模式优化与调整、信息化与自动化等。

（2）流程再造。根据企业的战略调整和商业模式变化，从根本上对产品或服务的提供方式加以再造。流程再造包括战略愿景、标杆确定、流程诊断、新流程设计、新流程实施、流程评估、持续改善等。

4.5.4　明确的战略资产准备报告

企业应充分利用战略资产准备报告这一工具，详细直观地描述企业的战略资产准备度。在明确的战略资产准备报告中，企业不能以传统方式对无形资产加以定义，而是应重视三类无形资产，即人力资本、信息资本和组织资本。

1. 战略资产准备报告与传统战略评价报告的对比

战略资产准备报告和传统战略评价报告有显著的不同，主要包括以下三点。

（1）报告对象的范围。传统的战略评价报告更多研究内向型的财务信息系统，而战略准备报告则更多研究外向型的财务信息系统，包含综合信息内容。传统的战略评价报告建立在企业传统管理体制基础上，更注重企业内部的决策、计划和执行，尤其在市场竞争并不激烈的背景下，企业只需更注重内部成本管理、提高劳动生产率即可。但在市场需求激烈变化、技术迅速发展的时代，如果只从企业内部考虑，忽视外部环境带来的影响，就无法满足企业在竞争环境下的需求。

战略资产准备报告应站在战略高度，关注企业外部环境变化。企业应研究竞争对手，分析自身所处的地位，以取得竞争优势作为主要目标。因此，战略资产准备报告应该由内向型改为外向型，其研究对象应适应战略管理的需要。

（2）报告的主体和目标。传统战略评价报告更注重企业短期利益的最大化，战略资产准备报告则关注企业长远目标、整体利益的最大化。两者相比，前者更注重单个企业在一段时间内的优先发展，主要为企业内部在经营、管理等方面的决策发挥作用，更偏向从财务效益角度展开报告；对企业的经营业绩、人力资本、信息资本、组织资本的观察和评价，也只注重追求短期利益。然而，企业间的竞争会上升为全局性的战略竞争，因此，战略准备报告就不能仅限于关注财务效益指标，必须同时考虑其他方面的指标。

围绕战略资产准备报告，企业应进一步形成能评价企业长期发展能力的指标体系，使企业适应迅速多变的经营环境，利用战略地图的规划，主动把握未来发展。

（3）报告方法。传统的报告方法相当有限，仅着眼于对企业内部财务资产的计算。战略资产准备报告是在此基础上，多方位、多角度地对战略资产准备进行综合分析与研究，因此，其报告角度更多元化，有利于企业管理层从更广泛、深刻的角度，对战略资产进行综合研究与全面分析，做出正确的战略地图规划。

2. 战略资产准备度的测算方法

在战略资产准备报告中，应使用科学、客观的方法，对企业战略资产的准备情况进行测算。

（1）权重。权重即不同层面战略资产对战略目标影响程度的衡量指标。评测战略资产准备度的权重体系，能对报告结果、报告功能产生重要影响。合适的权重能反映战略地图的方向，又能评价企业内部不同资产对战略目标所能发挥的作用。

战略资产准备度权重的测算，可以采用德尔菲法和层次分析法。

德尔菲法属于主观赋权法，即邀请专家、管理人员自由发表个人观点，报告者根据他们的意见进行调查，获得反馈。在此过程中，报告者可以采用数理统计方法，对所有意见进行处理，将定性和定量的分析方法有机结合。

层次分析法属于客观赋权法，即利用工作人员的团队经验，对所有战略资产中定量和非定量因素进行统一测度。通过两两比较方案或目标的重要性，构造出判断矩阵。在矩阵中，计算最大特征根和特征向量，进而得到战略资产重要性的定量化描述。

（2）公式计算法。在不同战略资产指标和相应权重的基础上，可计算出企业在财务、客户、内部流程、学习和成长等层面的战略资产准备度。同时，也能进一步求出整个企业的战略资产准备度。

图 4.5 所示为战略资产准备度计算公式。

$$S = \sum_{i=1}^{n} W_i S_i$$

$$\sum_{i=1}^{n} W_i = 1$$

图 4.5　战略资产准备度计算公式

公式中，S 为企业战略资产准备度，W_i 为第 i 个指标的权重，S_i 为第 i 个指标的得分，每个指标的满分为 100。

（3）战略资产准备度的评价。战略资产准备度的评价是指对综合权重和指标体系的分析。通过战略资产准备度的评价，战略资产准备报告更具有针对性。

表 4.5 所示为战略资产准备度的评价。

表 4.5　战略资产准备度的评价

项目	战略目标	数值		分数			战略准备度
	主要指标	标准数值	实际数值	得分	权重	权重得分	
财务角度							
客户角度							
内部流程角度							
学习与成长角度							

通过分析，能得到战略准备度指标，即企业战略资产与战略目标之间的契合程度。对于企业而言，这样的表格能很好地反映客户的需求是否能得到满足。

采用战略资产准备度指标，将战略资产准备度与企业战略地图规划相结合，拓展了原有的战略评价指标，克服了传统战略评价体系的缺点，全面评价了企业整体战略。

附："关于开展目标管理工作的通知"模板

关于开展目标管理工作的通知

公司所属各单位：

为深入推进精益管理，深化效能建设，以建立"以人为中心、以成果为标准"的目标管理工作，形成自上而下地确定工作目标、在工作中实行自我管理、自下而上地保证目标实现的管理机制，促进组织和个人取得最佳业绩，经公司研究决定，在全集团范围内开展目标管理工作，现将有关事项通知如下。

一、推进目的

为了提高各部门及各车间的协作能力，以公司发展方向为导向，并有效执行企业提出的重点工作及项目课题。通过提升员工的能力及挑战意识，打造有成就感、有活力的组织，提高企业的综合竞争力。

二、实施组织

为保证目标管理工作顺利进行，公司成立目标管理领导小组。

组　长：

副组长：

成　员：

领导小组下设各目标管理小组，以各基地实际情况进行设置。具体小组设置参考如下。

1.推进小组：负责方案的起草，实施过程的跟进。

组　长：

副组长：

成　员：

指导顾问：

2.评价小组：对人力配合，财务成果的核算进行跟进。

组　长：

副组长：

成　员：

3.执行小组：负责目标管理的具体工作展开，输出成果。

组　长：

副组长：

成　员：

三、适用范围

公司所属各单位。

四、时间跨度

21××年2月28日—21××年12月31日

五、主要内容

（一）目标管理分为两大部分

经营目标：经营目标是指直接反映公司经营情况的主要财务指标。

管理目标：管理目标是指为了达到经营目标而采取了各项工作举措以预期

取得的成效，包括项目课题和重点工作两大部分。

（二）目标管理分为三个层次

1. 一级目标：集团目标。

2. 二级目标：职能部门、分公司目标。

3. 三级目标：车间目标。

（三）目标管理及评价方法

目标管理以经营目标和管理目标为核心，以项目课题和重点任务展开为表现形式，自上而下层层分解目标，将评价结果作为年终绩效考核的重要依据。具体内容见附件《××有限公司目标管理细则（试行）》。

六、实施步骤

（一）学习发动阶段（4月4日至4月20日）

公司召开目标管理宣传大会，全面部署目标管理工作。各单位全员学习文件精神，统一思想，明确目标，形成共识。同时，深刻理解文件中规定的各项具体要求，形成落实思路。

（二）细则制订阶段（4月23日至5月13日）

总部、各分公司、各部门、厂区、车间要按制度规定进行考核细则的层层分解与制订，做到主要经营目标有承接、重点工作有分解、考核范围全覆盖。

（三）运行阶段（5月13日后）

展开各级重点任务，持续跟进重点工作及项目，及时修正、完善过程中暴露的一些问题。公司目标管理领导小组对运营过程中存在的问题进行集中讨论、解决，逐步完善相关的流程，对各部门目标管理的成果进行绩效考核。

七、具体要求

1. 公司各级目标管理考核细则由各单位自行制定，须涵盖经营目标和管理目标，具有可操作性。

2.公司各级管理目标的重点工作均实行目视管理，原则上要求上墙，但办公条件不具备的，不局限于上墙这一单一的形式，但要形成月度、季度的点检制度。

3.请各单位高度重视目标管理工作，公司将对目标管理推进不力、流于形式的单位进行抽查和考核，考核结果与干部绩效挂钩。

××有限公司

21××年2月21日

第5章

目标管理中的组织结构及拆解执行

为顺利实现目标管理，应构建一个合理可靠的组织。企业应按照目标管理的特点，成立专门的组织，具体实施项目推进工作。

组织运行初期，应以项目任务为主要目标，以项目管理的理念对项目任务进行拆解和执行。

5.1　组织结构设计再造

完善的组织结构和管理体系，是有效配置企业内部各种资源的关键，是企业确立市场竞争优势的重要支撑。随着市场竞争加剧、客户需求变化，企业想要真正提升战略竞争能力，就需要构建先进和完善的组织结构，对组织结构设计再造。

5.1.1　企业发展战略与经营目标确定

确定发展战略与经营目标，是企业设计组织结构的起始工作。为此，企业应通过以下步骤加以完成。

1.　问题调查

企业为确定发展战略与经营目标，首先应回答以下问题。

我们的企业是个什么企业？

我们的企业将会是什么企业？

我们的企业应该是个什么企业？

与此同时，企业还应该询问有关市场的问题。

谁是我们的顾客？

我们的顾客购买的是什么？

我们应当进入什么市场？

什么市场是最有发展前途的市场?

通过回答上述问题,企业管理者才能初步估计发展战略和经营目标。

2. 明确发展战略和经营目标的内容

不同行业、不同发展阶段和规模的企业,在不同环境条件下,其发展战略与经营目标也各不相同。通常而言,可以分为以下八个方面的内容。

(1)市场方面的目标。企业应确定希望达到的市场份额,或通过竞争所占据的市场地位。

(2)技术改进和发展方面的目标。企业应在改进和发展新产品和新服务、削减成本、提高效率等方面设立目标。

(3)提高生产力方面的目标。企业应设立有效衡量原材料利用情况的指标,最大限度提高产品数量和质量方面的指标。

(4)财务与实物资源取得和占用方面的目标。企业应设定战略资源的取得方式、占用数量、使用数量等。

(5)利润方面的目标。企业应明确股东的回报率、经营效益。

(6)人力资源方面的目标。企业应明确人力资源的获得、培训和发展,管理人员的培养,个人才能的发挥等。

(7)员工积极性方面的目标。企业应明确对员工的激励和报酬指标等目标内容。

(8)社会责任方面的目标。企业应明确对社会产生的影响和回报等指标。

3. 建立战略总目标的途径

企业建立战略总目标的途径如下。

(1)企业习惯的做法。按照习惯做法,企业提出的战略总目标要么过于乐观,要么过于悲观,这是因为企业高管团队经常凭感觉和经验提出新的战略总目标。显然,这种做法难以产生价值。

（2）企业应采取的做法。

① 在战略总目标确立之前，企业应充分考虑各项因素，主要包括成长方向问题（市场定位、商业模式）、核心竞争力的培养问题、管理升级问题、调整战略定位问题、竞争对策问题等。

② 企业应明确战略总目标的目的，包括确立企业在市场中的地位、赢过竞争对手、满足顾客的需求、获得卓越的企业业绩、推动企业持续健康发展等。

③ 企业应充分利用分析工具确立战略总目标。企业管理者应学习宏观环境分析工具、微观环境分析工具、波特五力模型、行业与产品生命周期理论、SWOT 分析法等，并利用这些工具，确立战略总目标。

④ 确定战略目标值。首先确定财务目标，包括增加收入、增加利润、提高股东的红利、提高利润率、提高既有投资资本的回报率、获得有吸引力的经济附加值、增加现金流、提高股票价值、获得有吸引力和持久的市场附加值、提高企业收入的多元化程度、稳定在经济萧条期间企业的收益等。

其次确定非财务目标，包括回避风险、建立核心竞争力、建立竞争优势、提升企业形象、扩大市场份额、提高服务质量、提升消费者满意度、革新技术或产品、拓展产品线、增加销售量、创造就业机会等。

企业确定发展战略和经营目标，需要注意无形资产的转化途径。众所周知，企业可持续发展的基础是无形资产，即核心竞争力。而无形资产无法直接创造有形成果。企业要创造核心竞争力，那么投资无形资产就应与企业战略协调一致，才能发挥作用，否则，将会造成极大的浪费。企业确定发展战略和经营目标，关键是要找到将无形资产转化为有形成果的路径。

同时，企业要建立起符合发展战略和经营目标的财务指标和体现客户价值主张的非财务指标。在指标的设置上，尽量多设置一些成长性的指标，少设置一些维持性的指标。

5.1.2　组织再造与匹配资源

为实现企业战略目标，首先需考虑组织能否高效运转，组织结构是否能匹配战略目标，并以此反映企业的整体运转状态。

在企业战略实施过程中，组织结构是必要的载体。观察和分析载体，可以了解整个企业的指挥命令、信息传递、控制以及部门协调等方面的情况。因此，组织结构设计的合理与否，将直接影响整体运营的效率表现。在战略目标管理中，组织结构与企业发展的匹配性，以及组织结构的合理性，成为亟待解决的重要问题。

如果组织结构与企业战略目标不匹配、与资源不匹配，就会降低企业运转效率，产生负面影响，出现如管理失控、效率低下、工作未细化、出错率高等问题。

在组织再造、匹配资源的过程中，应遵循以下原则。

1.　组织结构设计特点

（1）前瞻性。组织结构规划必须根据企业外部环境和内部条件的变化，服务于企业的现实需要和发展战略，为企业核心业务的发展预留适度的空间。

（2）科学性。组织结构规划必须符合组织设计的基本准则，如高效精简、专业分工、责权利对等、执行与监督配套等。

（3）可操作性。组织结构规划应符合本企业发展的阶段性特征，注重实效，易于执行。

2.　组织结构设计目标

组织结构设计目标要职能明确、职责清晰、流程顺畅、协调一致，全面提升企业运营管理效率。

3.　组织运行的基本原则

（1）下级服从上级的原则。企业各层级人员必须服从直接上级的工作安排，接受直接上级的监督、检查、指导和考核，如果对直接上级的工作安排有不同意见，或在工作过程中有困难，要及时与直接上级沟通，否则必须无条件地服从直接上级的安排。

（2）可越级申诉，不可越级汇报的原则。各层级人员如对直接上级的工作安排或处理方式持有不同意见，首先与直接上级沟通解决。如双方不能达成一致，先执行（违反法律或有损企业直接利益的除外，若发生此类事实，可以即时越级申诉和举报），事后向更高一级领导申诉。但为避免出现信息失真或断层，工作汇报应严格按汇报程序逐级汇报，不得越级汇报工作。

（3）可越级检查，不可越级指挥的原则。每一级领导均可以对跨层级下属的工作进行检查，并可以提出改善工作的建议，但为保证管理的规范性，不能对跨级下属进行直接指挥或协调。如有必要，可与该员工的直接上级沟通，通过直接上级对其下属的工作进行安排或协调。但在涉及企业核心利益、重大安全等问题来不及与员工直接上级沟通的情况下，可越级指挥协调，在处理妥当后，要及时与员工直接上级说明情况。

（4）团队合作、有效执行的原则。为保证企业各项指令的严肃性，提高执行力，对各种会议决定和制度规定的工作，必须无条件执行，向指令发出者及时汇报执行结果。需要团队配合的工作，以"目标第一、责任第二"为原则，不能因推诿扯皮而影响工作的开展或影响运营效率。

5.1.3　组织设置识别与梳理

在组织设置中，管理者应考虑到众多复杂因素，如层次、协调、指挥命令链、信息链、控制、人员等。管理层对这些因素进行全面考虑，以最终形成特定的组织结构，确保组织结构具备应有特点，符合企业目标管理的要求。

图 5.1-1 所示为某企业的组织结构。

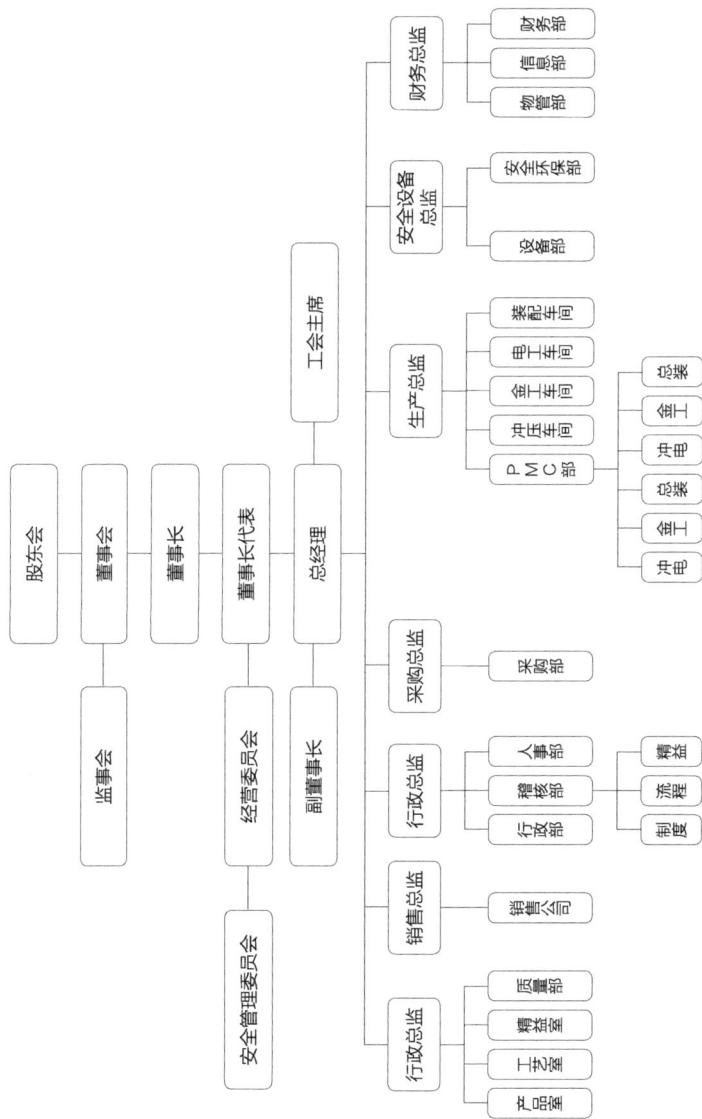

图 5.1-1 某企业的组织结构

备注：PMC，即 Production material control，指对生产计划与生产进度的控制，以及对物料的计划、跟踪、收发、存储、使用等各方面的监督与管理和呆滞料的预防处理工作。

该企业的组织结构分为三层：由董事长、总经理、经营委员会（高管级别）、各中心总监组成企业经营决策层；由各部部长（部长、副部长）、车间主任（主任、副主任）、科长组成企业经营管理层；由各部部长及车间主任以下的其他专业管理岗位和单元组成执行层。

构建类似的组织结构，不可能一蹴而就，必须遵循一定的方法。

企业常见的组织结构类型，包括直线型、职能型、直线职能型、事业部型、矩阵型等。

① 直线型，是最简单、最基础的组织结构，即下属部门只接受一个上级的指令，各主管负责人及所属人员对所属单位的一切问题负责。

② 职能型，即组织由下至上，按照相同职能，将不同活动组合起来。

③ 直线职能型，是现代企业常见的组织结构，以直线为基础，在各行政主管下设置相应的职能部门，作为该行政主管的参谋部门，由此实现行政主管统一指挥与职能部门参谋相结合的管理。

④ 事业部型，即企业内部基于业务、产品、项目进行划分，形成相对独立的单元。这种结构类型适用于经济规模较大、生产经营业务多样化、对适应性要求较高的企业。

⑤ 矩阵型，即企业结构同时专注于业务和职能，为此将职能型和事业部型结构进行组合而形成的结构。

组织结构会影响企业的纵向层级、横向跨度，企业内部正式的上下级报告关系，组织、部门和职位之间的关系，以及成熟的沟通与合作系统的形成。

组织结构并没有绝对的优劣之分，企业应选择适合自身情况和需求的组织结构。例如，直线型结构是最基本的组织结构，在这种结构中，指挥链的设计比较明确，但层级过多，信息传递较慢，直接影响工作效率。同时，由于条块分割的设计思想，部门职能清晰明确，但部门协调变得困难。所以在采用这种组织结构时，要关注部门职能的完整性，以减少部门之间的交接。

5.1.4 部门职责编制

职能，是企业功能的综合。职能分解，是对企业组织结构内管理业务进行的总体设计，是将企业的所有功能汇总；随后，再根据业务关系，合理编制不同部门职责，并层层分解为不同管理层次、部门、职位的业务工作，确定部门职责，设计管理幅度、层次和责权等。

部门职责编制，要求实现业务活动的独立性、可操作性，避免部门职能的重复和脱节，保持企业职能的完整性。

通常而言，部门职责根据内涵不同，可分为三级。表 5.1-1 所示为部门职责的三级划分。

表 5.1-1 部门职责的三级划分

职能级别	职能内涵
一级职能	部门功能定位，体现本部门的价值
二级职能	部门开展的管理活动
三级职能	具体的业务活动

目前，许多成长中的企业都存在相似问题，即组织结构并不完善，也不合理。由此造成的后果，就是伴随企业发展，出现部门责权不清、信息获取滞后、工作协调困难等问题。因此，及时调整企业的组织结构，明确部门职责很有必要。

在编写部门职责时，应表述清楚部门名称、直接上级、职能概要和职能阐述等。职能概要的用语应简练精确，职能阐述的内容需详细全面。

表 5.1-2 所示为部门职责范例。

表 5.1-2 部门职责范例

名称	生产部	直接上级	总经理
职能概要		保质保量完成生产任务，控制生产成本、提升劳动生产率，并保障安全生产	

续表

名称	生产部		直接上级	总经理
职能阐述		1	根据企业年度经营目标及销售预测，编制年度生产计划并分解至月计划	
		2	审批设备大修计划	
		3	监督生产系统档案、会议记录、设备档案的建立和保存	
		4	组织指导在制品的盘点及审核	
		5	负责产能分析、产线布局、人员分工，督导各车间完成生产指令	
		6	审批产品工时标准和劳动定额，计件付酬标准，并报总经理审批	
		7	督导公司 6S 管理制度的执行，定期组织安全教育培训与安全检查	
		8	指导各车间做好生产日报表、月报表、考勤报表	
		9	及时调配各种生产资源，协调相关部门，解决生产异常问题，控制生产进度	
		10	审核生产作业计划，生产所需设备，工装及原材物料的申购计划	
		11	制定生产管理相关制度及工作流程并监督实施	
		12	做好本中心员工培训、部门例会等日常管理工作	

对企业而言，在编制部门职责时，应注意以下事项。

1. 要满足未来 3 ～ 5 年企业的战略管理需要

现有部门职责应满足未来 3 ～ 5 年企业的战略管理需要。这是因为组织结构在此期间内保持稳定，但随着企业业务和规模扩大，现有组织结构很可能不再符合企业的战略目标和实际情况。此时，企业将不得不调整组织结构和部门职责。

2. 部门职责清晰

企业设置组织结构，应保证部门职责清晰，同时每个部门的员工都有明确的上升空间。在不同部门内，无论是老员工还是新员工，都能分工协作，清楚各个部门分别负责哪些工作，同时明白自己的工作职责。

合理的组织结构、清晰的部门职责，能保证员工在清楚自身所承担责任的同时，也能拥有相应的权力，从而不断推进工作效率的提升。

3. 部门间协调和沟通

科学的组织结构会让部门之间职责分明，同时沟通和协调也变得更为容易。合理编制的部门职责，能确保组织结构科学合理，使不同部门在协调和沟通中承担的角色更为合理。

为了判断部门职责是否编制合理、是否便于协调沟通，可以通过查看以下重点情形进行判断。

（1）查看部门划分是否符合企业现在发展的需要，是否能很好地满足客户价值主张，是否能促进经营业绩的提升。

（2）分析组织关系是否清晰、部门分工是否明确，判断部门职责的划分是否能更好地帮助工作的完成，并推动企业的管理制度有效实施。

（3）查看部门、岗位的设置是否合理，分析部门和岗位职责是否能保证不同员工都能在各自岗位上发挥应有作用。

附1：部门职能说明书范例

表5.1-3所示为质检部部门职能说明书。

表5.1-3　质检部部门职能说明书

部门名称	质检部	直接上级	总工程师	下属分部门	
职责概述	负责质检管理和计量管理工作				

工作权限	1. 原材料、包装物、生产过程、成品的质量判定权 2. 公司规定的质量问题处理权 3. 参与处理客户质量投诉的权力 4. 在部门职责范围内按制度自主开展各项工作的权力 5. 本部门人员的录用、解聘建议权及工作调配权 6. 有权考核部门人员，决定内部奖惩，并提供薪酬分配建议 7. 根据工作需要，要求其他各部门提供相关信息、资料、需求的权力 8. 考核、反馈相关部门工作绩效的权力 9. 公司规定、上级主管授予的其他权力
工作职能	
1. 制度管理	建立和完善与质量控制相关的各项管理制度，制订明确的工作程序和工作标准，并监督实施
2. 检验管理	根据企业检验标准规定对原辅材料入库前进行检验，并做出判定，编制检验报告单，反馈给相关部门，控制源头质量
	依照企业检验标准和工艺操作规程，组织对重要生产工序的检验，将品质异常情况及时反馈给生产部门，对生产过程实施监控
	对产成品进行出厂检验，出具成品最终检验报告单
	做好质量统计、分析工作
	参与新产品样品的检验，做好新产品技术保密工作
	检验新技术、新方法的引进与应用工作
3. 质量问题处理	组织质量问题总结与分析，对质量问题和客户投诉进行调查和分析，明确责任，并根据公司有关规定进行处理
4. 计量管理	依照计量法做好计量器具的定期送检校验工作；不定期抽查地磅计量的准确性；做好计量器具的日常维护保养
5. 内部管理	提出部门内岗位配置意见，对部门工作进行合理分工 对部门职工进行培训、指导，提升部门团队能力 考核职工的工作绩效，完善内部分配，激发职工的工作积极性 落实公司有关规定和制度，不断提高部门的服务质量
6. 协调工作	协助做好项目开发与品牌建设工作 做好本部门与相关部门的工作配合与协调

5.1.5 关键岗位职责编制

关键岗位职责的编制，是企业进行目标管理的基础工作。企业应按照部门职责、工作量，确定关键岗位进行职责编制。对关键岗位的选择要动态化，即根据工作量变化适时调整。关键岗位职责的编制管理，也要严格遵循管理程序，不能随意增加或减少。

关键岗位职责的编制，一般采用岗位说明书的形式，明确表述岗位名称、所在部门、上下级关系、薪酬标准和职责权限。其中，部门职责、业务流程和职责权限，应该相互协调。

表 5.1-4 所示为关键岗位职责编制范例。

表 5.1-4 关键岗位职责编制范例

岗位名称		企管行政总监	岗位编号	
所在部门		企管行政中心	直接上级	总经理
工作地点		公司办公楼	直接下级	
职位概要		以不断提升企业规范化管理水平为目标，加强企业文化建设，提升企业凝聚力，实现企业管理的程序化、目标化、标准化和制度化，打造现代企业的规范化管控模式		
岗位工作职责	1	组织制定公司各项管理制度及企业文化建设规划，报总经理办公会批准后，负责实施督导		
	2	参与审定公司经营和发展战略，确定公司企业管理方针和目标		
	3	负责组织制定和不断完善公司各项管理制度，报总经理办公会批准		
	4	负责组织对公司各项管理制度的执行情况的督察		
	5	依据公司年度经营目标，负责组织制定公司各系统各部门工作目标		
	6	依据公司经营目标，组织制定《年度公司企业管理实施规划》，报总经理办公会批准		
	7	依据《年度公司企业管理实施规划》，制定企管行政中心工作目标和实施计划，并督导实施		

岗位工作职责	8	加强对《年度公司企业管理实施规划》的实施过程的监控与协调，确保实施绩效
	9	负责审批系统各部门《部门月、季、年度工作实施计划》，并督导实施
	10	负责组织对各部门《部门月、季、年度工作实施计划》实施情况进行绩效考核
	11	加强人力资源的管理，确保企业经营所需的同时，做好人才的储备和培养
	12	负责组织对部门和岗位工作的绩效考核和管理工作
	13	负责组织完善公司各项认证标准，督导标准的执行
	14	负责组织公司的行政后勤管理，为公司的各项经营活动提供有效的后勤支持和服务
	15	负责企业涉外公关活动，树立公司良好的社会形象
	16	定期组织对各业务部门的工作情况的督导，协调解决业务部门存在的问题
	17	完成总经理办公会下达的工作任务
工作权限	业务权	对系统内各种标准及计划的审批权，对系统内工作的管理权，对下级工作的监督检查权
	人事权	对系统所属员工的工作调配权和培训权，对直属处级及业务骨干的聘用、任免、奖惩和辞退建议权，系统所属员工的聘用、任免和辞退的审批权
	财务权	对本系统所有费用的预算权和各项开支的审核权，系统工作费用预算计划通过总经理办公会批准后，计划内费用的审批权
协作关系	内处协调	公司各部门
	外处涉调	公司涉外的政府部门及关联单位
任职资格	教育水平	大专以上
	专业	企业管理
	培训经历	现代企业管理、人力资源及绩效管理、行政及后勤管理方面的培训经历

任职资格	经验	企业管理、人力资源管理、行政后勤管理等相关工作经验
	知识	熟悉公司产品、企业管理、工作分析、绩效评估、国家劳动法及相关政策
	技能技巧	协调控制能力、沟通能力、分析和解决问题的能力、办公软件操作能力
工作设备		计算机，电话，传真机，打印机，计算器，手机，档案柜，车辆

在编制关键岗位职责时，应注意以下要求。

1. 内容编写要求

职责内容的描述应简单易懂、具体，避免形式化。关键岗位职责应随着企业不断发展，及时修正和优化。

2. 共同编写的人员

编写关键岗位职责，应由岗位直接承担者、岗位直接管理者、人力资源部人员、人力资源专家以及与岗位相关的人员组成编写团队，共同分析、讨论。

3. 需要的资料和工具

在编写关键岗位职责时，应注重运用以下资料和工具。

（1）企业现有的组织结构及人员岗位安排情况。

（2）岗位上级对该岗位的评价和描述。

（3）岗位承担者对自身工作情况的描述。

（4）其他相关岗位人员对该岗位的评价、描述、分析和建议。

5.1.6　管理流程识别与梳理

管理流程，主要是指企业开展的与各种管理活动相关的流程。管理流程并不直接达成企业的战略经营目标，而是通过管理活动，对企业的经营业务开展进行监督、控制、协调、服务，从而为企业创造价值。

在企业中，管理流程即多个成员、多个活动的有序组合。管理流程反映了谁做了什么事、产生了什么结果、传递了什么信息和价值。

1. 管理流程的分类

常见的管理流程包括以下几类。

（1）企业整体管理流程，包括战略管理流程、年度经营计划管理流程等。

（2）财务管理流程，如财务分析管理流程、财务核算流程、财务预算编制和调整流程。

（3）供应链管理流程，如供应商评价流程、采购货款管理流程、合格供应商管理流程、原材料品质管理流程、成品品质管控流程。

（4）服务类管理流程，如项目管理流程、客户满意度管理流程、客户投诉受理流程、销售信用管理流程等。

2. 梳理流程的必要性

在企业中，经常会出现组织不协调、责任推诿的现象，导致组织效能变低。而工作程序不清晰、职责界定不清晰、岗位职责和岗位标准不明确等，则是重要的客观原因。

为此，企业管理者必须积极识别和梳理管理流程，确保每个员工都能准确认识自身工作任务。通过对管理流程的识别和梳理，能帮助员工明确工作任务、岗位职责和标准，有利于构建岗位绩效评价体系。

3. 管理流程的意义

不少企业并未理解管理流程的意义，因此其内部管理流程不明晰。实际上，流程的管理水平体现着企业的管理水平。高效的管理流程是企业高效运营的基础，是工作流程运行的指南，是节点化的工作标准，也是企业内部管理制度化的出发点。

4. 识别和梳理管理流程的重点内容

识别和梳理管理流程的重点内容，包括以下工作。

（1）提供简洁的经营管理工作流程，即理顺各项工作流程。

（2）明确各项工作程序，即确定工作程序和控制点。

（3）明确部门和岗位的责权，建立岗位工作标准。

（4）围绕各部门岗位和工作程序形成标准，建立管理体系。

（5）保证工作程序运行，即建立管理制度。

（6）解决违反工作程序的问题，提供控制和处罚办法。

识别和梳理流程，能明晰岗位关系，明确控制工作点，保证在每一个工作点中，岗位责任和目标明确、工作成果交付对象明确，向岗位提供督导措施，并在流程基础上形成管理制度。

5.1.7 关键管理流程设计与研讨

关键管理流程不是一张简单的图表，而是组织结构、价值流动的形象体现，更是企业经营战略理念的表现。企业通过关键管理流程的设计与研讨，实现客户价值的传输。因此，关键管理流程作为企业战略的一部分，能发挥不可替代的重要作用，必须对其设计与研讨予以重视。

1. 关键管理流程设计前的研讨准备

着手设计流程之前，应做好以下概念的研讨工作。

（1）流程图和流程实施细则。流程图是围绕流程工作的思路与脉络。流程实施细则是流程工作的详细要求，包括目的、适用范围、工作程序、工作要求、引用文件、设计表格等。

（2）认识关键管理流程类型。在企业中，存在三类关键管理流程，分别是关键业务流程、关键业务管理流程和关键效率管理流程。这三类关键管理流程分别具有不同作用。

关键业务流程。这类流程面向客户，围绕客户需求设置，主要针对日常客户与任务。在流程起始阶段，输入客户需求信息，最终输出产品或服务，满足客户的需求。该类业务流程主要是处理产品或服务的对接关系。

关键业务管理流程。这类流程面向竞争，是围绕市场竞争而设置的关键流程体系。在流程起始阶段，输入竞争信息，输出营销策略，从而建立竞争优势。该类业务流程主要应对市场变化，并在资源配置上实现信息、产品、资源、决策的充分对接。

关键效率管理流程。这类流程主要面向企业内部，用以提升内部管理效率，主要针对企业日常职能管理。在流程起始阶段，输入内部运营的指示，即可输出管理机制和制度，从而提高企业内部运营的效率。关键效率管理流程，可以看作关于流程的流程。

通过对流程进行分类，企业在设计流程前，就能清楚了解问题出现在何种流程上，应进行怎样的调整与设计。

2. 关键管理流程设计的原则

在关键管理流程设计过程中，管理者应遵循以下基本原则，以设计出适合企业环境、市场竞争环境的流程，确保将流程设计落到实处。

（1）以客户价值为导向。具有竞争力的企业是能在不同程度上满足客户需求的企业，也是以客户价值为导向的企业。因此，以客户价值为导向成为流程设计工作应遵循的基本要领。

（2）以流程为导向。在设计和研讨关键管理流程时，应坚持以流程为导向，即将企业的管理方式从任务中心改造为流程中心；将原本孤立的任务，通过流程图联系成能表示出相互关系的流程。这样，企业的管理就能从任务方式转变为流程方式。

（3）以人为本的导向。流程需要团队来完成。在流程设计研讨过程中，必须充分贯彻以人为本的团队管理精神，注重团队整体作用、团队配合，确保团队中的每个人都知道自己的任务。这样能让每个工作个体的自觉性有显著提高，同时也有助于整体工作效率的提升。

3. 关键管理流程设计的节点

关键管理流程设计中，节点是非常重要的概念。所谓节点，是指关键管理流程图中，每个动作事项都对应着某一个环节，而该环节被称为流程的节点。不同的关键管理流程有着不同的节点，这些节点的设计对流程执行效率乃至企业整体经济效益，都会发挥重要作用。

设计关键管理流程时，企业应对关键节点进行分析，分析节点呈现的问题。例如，节点为何运行效率低、运行成本高，或经营效益差等，应在找出原因的基础上，有针对性地改善和控制，为管理流程设计、流程再造等提供有效依据。

关键管理流程的设计过程中，应选择和确定关键节点，即绩效低下而地位重要的流程节点。其中，凡是目前绩效低下、工作效率低、效益不足的流程问题，都是关键节点的选择对象。此外，关键节点本身在整个企业管理流程体系中的地位也很重要，将与关键节点有关问题改善后，能对整个企业的效率提升发挥重要影响。

5.1.8 关键管理流程表单研究与绘制

设计关键管理流程表单之前，应首先明确流程表单设计的具体内容，确定流程表单设计的注意事项，准确把握流程设计的方向，以便更好地设计关键管理流程表单。

下面是关键管理流程表单的绘制与研究内容。

1. 绘制的步骤

流程表单的绘制，是指企业流程设计人员将流程设计或流程再造的成果，予以书面化呈现的过程。

流程表单的绘制，应从企业经营目标出发，对企业所有领域相关工作进行绘制，从而确保企业所有工作都能纳入流程表单。

表 5.1-5 所示为流程表单的绘制步骤。

表 5.1-5　流程表单的绘制步骤

序号	操作	内容
1	初步确定流程	理顺工作过程，确定过程中各个环节及其相互关系
2	界定流程范围和参与部门	界定流程范围，确定参与该工作过程的各个部门或岗位，明确其各自职能和作用
3	绘制流程图，理解和分析	利用可视化工具，在纸上或白板上绘制业务流程图。所有与流程相关的人员应认真研究，分析并理解流程的准确性
4	调整、改进流程	所有人员审核与讨论，并对流程进行微调，对不适之处进行调整和修改
5	瞄准标杆，对比研究	找出流程设计做得较好的部门，将之作为标杆，进行对比研究，找出其他部门流程设计的不足，并加以改进
6	试行流程，收集信息	将设计的流程在工作中试行，收集流程在执行过程中的反馈信息
7	分析研究反馈的信息	试行一段时间后，收集反映出的问题，对反馈信息进行认真分析和研究
8	设计并实施流程改进	对收集到的反馈信息进行认真分析研究后，改进现有流程图，并重新绘制
9	最终确定流程	最终确定经过实践考验的流程图，并由企业管理者公示，将所有流程图汇集成册

在流程表单绘制过程中，应通过企业中高层领导讨论的方式做出决策。这样能打破部门或业务的束缚，集思广益，优化流程。

2. 流程表单的绘制内容

流程表单的绘制有以下注意事项。

（1）标准符号。流程表单的绘制应使用对应的标准符号。图 5.1-2 所示为流程表单的标准符号。

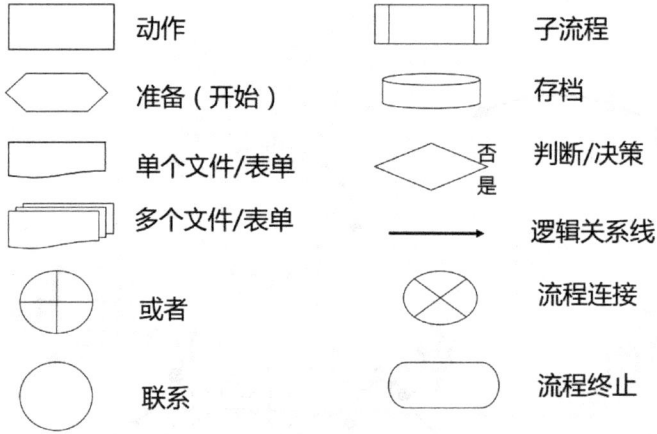

图 5.1-2　流程表单的标准符号

实际上，企业还可以绘制更多的标准符号，但流程表单应简洁明了，操作方便，员工才更容易接受。因此，通常情况下只使用数种符号即可。

（2）表单类别。熟悉不同的表单类别，才能正确设计和绘制表单，并将之用于不同的场合。

步骤式流程表单，又称为直观式流程表单。这种流程表单以上下步骤表示执行工作的先后顺序。

分叉式流程表单，是在步骤式流程表单基础上演进而来的，适合一项工作后续细分出不同工作的情形。

矩阵式流程表单，适用于描述横向流程和纵向流程之间的关系，对企业再造流程有重要价值。

图 5.1-3 所示为分叉式流程表单范例。

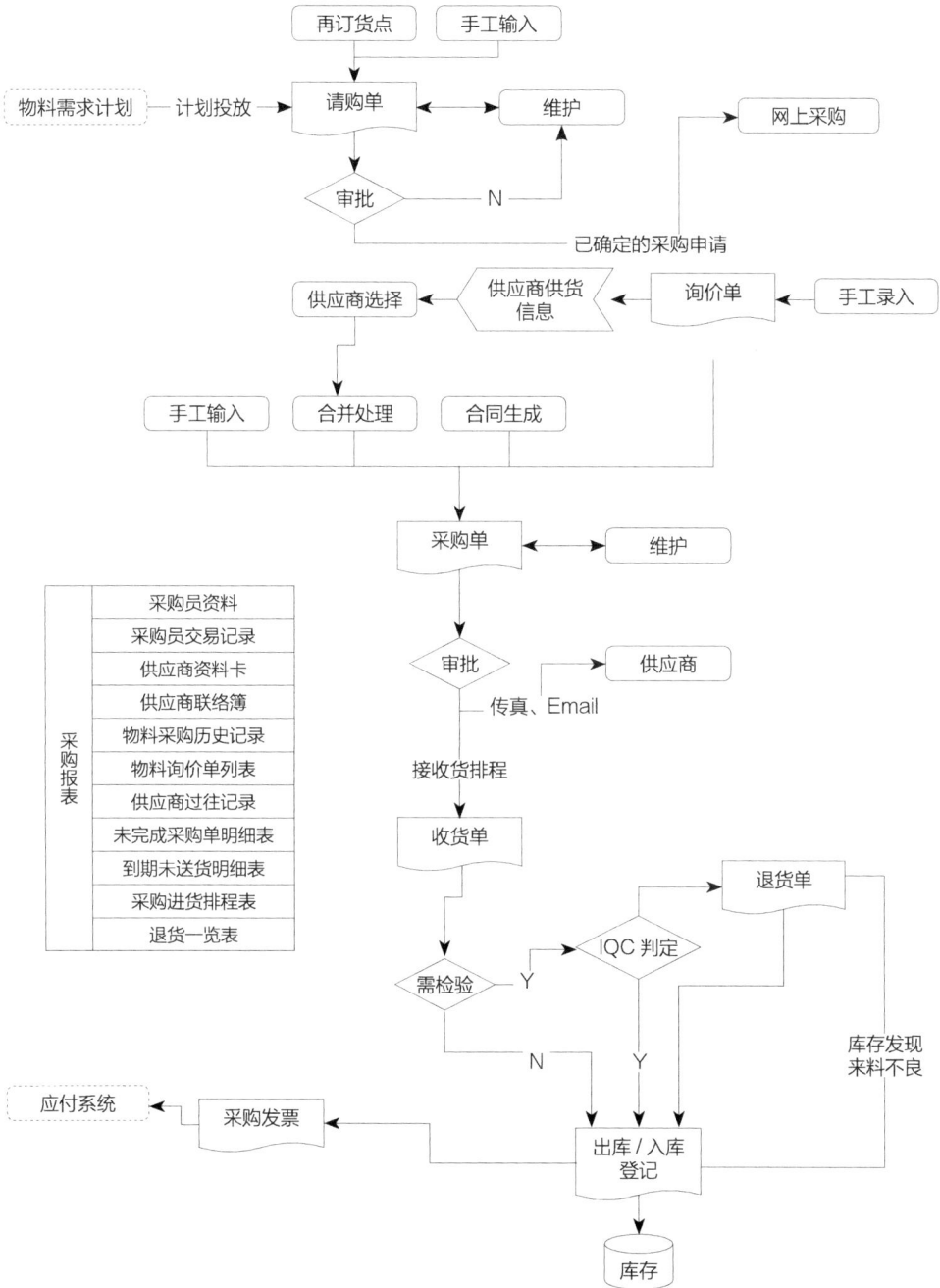

图 5.1-3　分叉式流程表单范例

在分叉式流程图中，分成纵向、横向两个方向。纵向代表工作先后顺序，横向表示承担该项工作的部门和职位。纵向与横向两个方向能清楚表明任务环节的先后流程，同时解决各项工作由谁负责的问题。

5.1.9　管理流程运行规则与说明

管理流程的运行，需要明确规则，并形成说明文件。说明文件是与流程配套使用，能对流程的节点事项进行分解说明的文件。

由于图形化的流程表单在描述具体细节上存在较大局限性，为完整而准确地描述流程，需要使用说明文件提供相关信息。这些信息不仅包括流程说明文件，还包括附表、业务规章制度等。

1.　流程说明文件的要求

在编制流程说明文件时，需要满足以下四项要求。

（1）应与流程完全对应，根据流程编写。

（2）对流程中所涉及的信息，能清晰而简单地描述。

（3）使用的语言应规范统一。

（4）对流程中可能出现问题的地方，进行有效约束和调整。

流程说明文件中，应包含流程简介、流程相关部门及职责、流程依据的管理文件、流程相关表单和记录、关键流程和节点以及其他需要说明的事项内容。

2.　流程说明文件的内容

一份具体的流程说明文件主要应具备以下内容。

（1）目的，即说明期望该管理流程运行过程中能产生怎样的具体收益。例如，"为做好生产管理，促使生产效能提升，明确生产计划，在编制与实施过程对与生产相关部门的工作进行明确界定"，这是对企业生产计划编制与实施流程目的加以说明。

（2）适用范围，即对管理流程具体适用范围加以说明，如"本流程适用于生产运营各相关主体"。

（3）具体工作程序、工作标准和要求，即对流程表单起始作业和结束作业进行简单说明，并描述流程表单在起始作业阶段需要输入的工作内容、流程作业结束后输出的工作内容。这能对流程内容加以规范，有助于企业将流程和其他流程进行有效区别，促使不同流程间进行工作上的合理衔接。

3. 流程和制度

在对流程进行说明时，离不开流程与制度的对比、联系和相互补充。流程强调企业内的价值流动，关注如何将工作输入有效转化成为输出，从而将工作做得更好。而制度更多体现流程的规则，即应该做什么、不应该做什么，以及当流程执行者违反相关约束后，必须采用何种处理方法。因此，流程更多偏向于对运营的管理，适用于协调各方矛盾、利益，统一行动目标；而制度则偏向于职能，适用于对流程主体的约束和规划。

需要注意的是，流程和制度两者并非对立，而是相互补充。通过对流程的介绍，将之以文字汇编形式加以展现，并作为在企业中必须推行的管理要求，也就完成了流程的制度化。反之，当制度的编写已深入各项业务的每个步骤，以文字或图形形式，描述出业务的前后逻辑和关系，也就形成了具体的流程。

因此，流程和制度在内涵上并没有完全区别，都是企业管理关键流程的核心工具。

5.2　目标管理流程的设计

目标管理流程，是企业进行目标管理的标准化程序。通过建立目标管理流程，企业管理者能正确引导员工，以目标管理流程的运行为核心，高效、准确、协同地完成工作。

5.2.1 目标管理流程的 PDCA

目标管理以 PDCA 循环为主体，构建管理流程。图 5.2-1 所示为目标管理流程的 PDCA 循环。

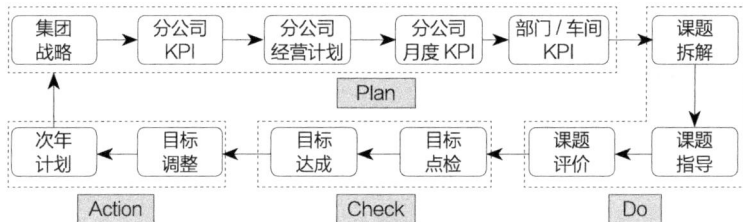

图 5.2-1 目标管理流程的 PDCA 循环

目标管理流程可拆解为 PDCA 循环，其具体内容如下。

1. P（计划）阶段

在该阶段内，在集团战略指导下，形成部门、车间或分公司的 KPI（年度、季度、月度）、经营计划，以此作为目标管理流程的计划内容。

2. D（实施）阶段

在该阶段内，通过各部门、车间或分公司对计划的拆解，形成具体课题，并由管理层对课题进行指导和评价。

3. C（检查）阶段

在该阶段内，进行目标点检，确认目标是否实现。

4. A（纠正）阶段

在该阶段内，对次年计划进行建构、分析和评价，并结合已有目标实现过程中出现的问题，对新目标进行调整。

5.2.2　KRA 与 KPI

在构建目标管理流程中，有两大指标应予以重视和利用，分别是 KRA 和 KPI。图 5.2-2 所示为 KRA 与 KPI 的关系。

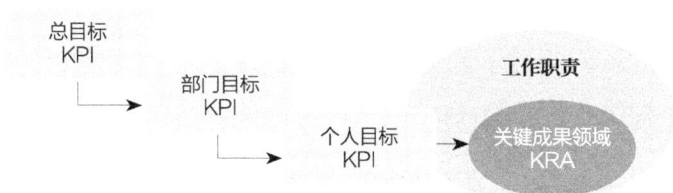

图 5.2-2　KRA 与 KPI 的关系

KRA 与 KPI 存在着密切的关系。其中，总目标 KPI 可分解为部门目标 KPI，进而分解为个人目标 KPI。而 KPI 是从 KRA 中提取出的主要工作目标。

1. KRA

KRA，是 Key Result Areas 的缩写，即关键结果领域，它是企业实现整体目标不可或缺、必须取得满意结果的领域，也是企业关键成功要素的集合。KRA 能对企业的使命、愿景和战略目标的实现，起到至关重要的作用。

在部门和个人层面，KRA 可定义为以下内容。

（1）工作主要领域，即为取得尽可能好的整体成果，而必须做出良好成效的领域。

（2）工作成功的关键。

（3）目标管理过程中的主要课题。

（4）管理者必须能取得成功结果的领域。

（5）在企业经营中有着关键性成败标志的领域，即满分或者零分的领域。

（6）想要取得阶段性成功，应最优先考虑的课题领域。

在确定 KRA 后，应对 KRA 的每个关键成功因素进行定义，以设计相应的衡量指标，即 KPI。

2. KPI

KPI，是 Key Performance Indicator 的缩写，即关键绩效指标，是指从 KRA 中提取出的主要工作目标，也是企业对部门或员工绩效加以衡量的重要指标。

企业管理者应根据客户和市场的关键要求制定目标。在制定目标时，使用有效量化指标即 KPI。在设计和制订 KPI 时，应注意以下方法。

（1）确定指标类型。从理论上看，KRA 能加以量化。对那些难以量化的指标，可以利用下列方法处理。

①换角度，即选择其他指标。例如，将市场占有增长率更换为新客户销售额增长率。

②放弃非重要指标。

③对行为进行量化。

④采用周边考核的方式。

（2）考虑时间跨度。某些工作绩效很难在工作行为发生后就得到实时体现，工作行为与工作绩效之间存在着时间差。因此在设计 KPI 时，除了应重视考核短期和直接的绩效，也应对长期绩效进行考核。

（3）绩效的可衡量性。企业应根据战略目标的整体要求，检查 KPI 指标的可衡量性。例如，对于时间标准，不应用"尽快"等模糊描述，而要用"某日某时前""××小时"等精准词进行描述。对工作中难以定量描述的内容，也应根据工作所需获得成果的程度和状态来确定 KPI 标准。

（4）权重分配。权重分配需要考虑以下因素。

①与目标的关联度。与目标关联度越大的 KPI，其分配的权重就应越大。

②工作紧迫度。工作时间的要求越紧，其 KPI 获得的权重就应越大。

③工作难易度。工作难度越大，其 KPI 获分配的权重也就越大。

④ 工作量。工作量越大，需耗费的时间和精力越多，其 KPI 权重也就越大。

5.2.3　目标管理与评价系统

在企业内，目标管理与评价工作应形成高效运行的系统，保证目标管理的成功。

图 5.2-3 所示为目标管理与评价系统。

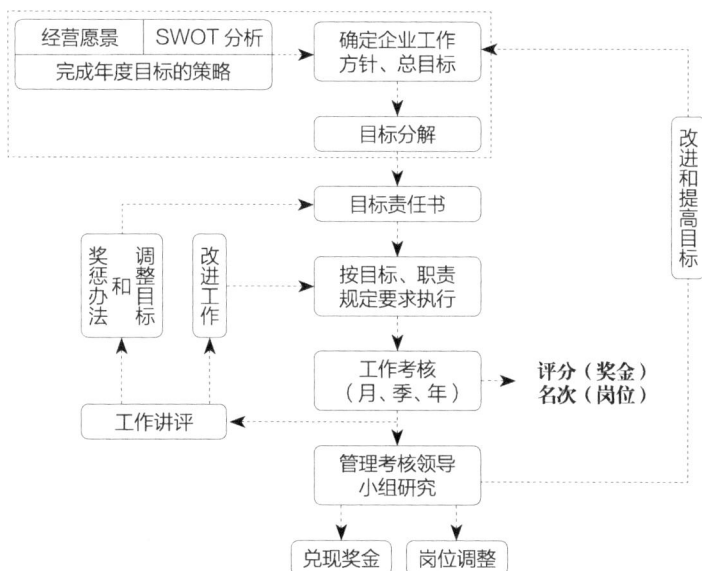

图 5.2-3　目标管理与评价系统

在目标管理与评价系统中，目标管理与评价的具体流程十分重要。

1.　确定企业工作方针和总目标

企业总目标，是一定时期内企业所期待取得的成果。企业总目标的确定，本身就是一个科学的决策过程。从图 5.2-3 中可以清楚地看出，企业总目标与相关的工作方针在整个目标管理系统中居于牵一发而动全身的地位。

企业总目标的确定，通常有以下几个步骤。

（1）收集和研究信息，发现问题。在制定企业目标时，需要分别了解企业内部和外部信息。

内部信息，包括企业的能力、发展水平，以及企业的地位。企业能力，包括其人力、财力和物力。企业的发展水平，包括其完成本职工作的技术和管理水平。企业的地位，包括其在所属行业和更大范围内的声誉、名望、地位和影响力。

外部信息，即企业所处外部环境会对企业产生影响的信息，既包括国家法律法规、政策计划，也包括市场需求变化、行业环境信息等。

对上述各种必要信息的收集进行整理，就能初步明确企业在实现目标过程中应发现和了解的问题。

（2）分析问题。为明确目标的层次性，应认真分析企业内的问题，包括导致问题出现的可能原因、主要原因、解决问题的可能性、解决问题的方式、上下级在其中应承担的指导与支持内容等。

（3）确定企业总目标。分析问题形成基本头绪后，就能设想不同的企业目标方案，包括总目标的构成内容、实现目标所需资源和条件、实现目标的程序和策略等。

2. 目标的分解和目标责任书

在制定好企业总目标后，应进行上下级之间的信息沟通，进行充分的平等协商，将企业目标分解为各级目标，作为实现企业总目标的手段，以完善企业目标管理系统。其具体做法如下。

（1）管理者将企业实现总目标的方针对下级交代清楚，包括制定目标的基本依据、存在条件等。

（2）下级管理者应根据企业的总目标，结合上级管理者设立的方案方针，针对所在部门或分公司、子公司的现状、历史和内外部条件，提出初步的分解目标，以及实现这些目标的措施、计划和必要条件。

（3）企业上级管理者应围绕企业总目标和有关部门的分解目标，同下级管理者认真而仔细地沟通，秉持充分信任、相互理解和协同配合的原则，对分解目标的内容和策略加以确定，并最终形成目标责任书。

下面是一份目标责任书的范例。

附：202× 年 ×× 岗位目标责任书模板

为使公司各项制度得到切实落实，由直接上级（或销售公司总经理）与城市经理签订 202× 年目标责任书。城市经理的职责、权力、销售目标责任与绩效考核指标，以及相关说明的内容如下。

一、职责

负责完成公司下达的销售目标及分销指标，合理设定下属销量指标和关键绩效指标，并督导下属达成。

负责合理规划下属的拜访线路，并在实践中不定时修正。

负责辖区经 / 分销商的开发及客情维护。

负责下属作业规范、流程的培训与指导。

负责对下辖经 / 分销商库存、送货及时性、送货量真实性的查核。

负责对下属订单和其他销售活动真实性的查核并上报。

负责通过协访对下属进行指导、帮助，提升下属工作绩效。

负责辖区内通路价格体系管控以及窜货管理。

负责第一时间处理辖区内客户的投诉。

二、权力

对公司制度的执行、维护和建议权；

对直接下属（业务经理、地区业务代表）的考核、奖惩决定权，招聘、录用、任免的建议权；

对本地区经销商的选择、撤销的建议权。

三、销售目标责任

负责区域：××。

考核周期：202×年××月××日至202×年××月××日。

考核销售目标：×万元/年。

各产品及月度销售目标如下。

	产品1	产品2	产品3	产品4	产品5	产品6	产品7	产品8
1月								
2月								
3月								
4月								
5月								
6月								
7月								
8月								
9月								
10月								
11月								
12月								

四、绩效考核指标（具体的KPI指标需讨论确定）

考核指标	权重	考核目标	评定标准	得分评定办法	数据来源

五、相关说明

1.公司直辖的城市经理的《目标责任书》，由公司总经理与城市经理签字。

2.非直辖城市经理的《目标责任书》，由城市经理与直接上级签字。

3.城市经理本人或直接下属年度受到各级处罚，依据公司《员工奖惩条例》执行。

4.在年终奖金计算周期内主动离职或因违反公司《员工奖惩条例》而被辞退的，奖金不予发放。

5.本责任书一式两份，人力资源部与本人各执一份，本责任书的最终解释权归公司营销管理委员会所有。

直接上级 / 公司总经理：　　　　　　　　城市经理：

签订日期：202×年××月××日　　签订日期：202×年××月××日

目标责任书能完善目标管理责任体系，消除目标管理长期以来存在的责任重叠和空白问题。目标责任书可看作下级管理者或员工的自我承诺，具有约束力，因此，目标责任书已事先调整了承担实现目标的风险，保证了目标管理体系的生命力。

3. 执行和评价

构建了目标管理系统，完成了目标责任书，只是完善了目标管理体系，并不意味目标管理系统完全落地了。因此，从流程一开始，上级管理者就应积极追踪和检查，不断将实际推进情况和原有目标进行比对，考察两者之间的差距，进行奖惩、调整、讲评，为评价提供依据。

4. 改进和提高目标

企业在一个阶段的执行和考核中，发现实际绩效同原定目标之间有差距，而这一差距超出了正常界限（该界限可以由上下级管理者共同制定），就需要在诊断和协调基础上，对目标进行改进和提高。

在实际操作中，无论是企业的总目标，还是分解后的责任目标，应及时根据已经变化的客观情况，将目标向有利于企业整体的方向调整。

经过上述四个步骤的循环，目标管理与评价系统能顺利运行，直到阶段性目标完成。

5.3　目标分级拆解

企业总目标应能层层分解到各部门，确保各部门清楚工作目标。具体而言，应根据企业总目标，将之拆解至各部门并分配权重。根据企业发展策略，制定相应的能与最终目标和绩效完成相匹配的评估指标。同时，还应确保所有部门均制定出属于自己部门的细分目标和评估指标，其总和应等于企业总目标。

5.3.1　项目课题拆解

精益经营中的目标管理，是通过有计划地实施分级项目，实现其经济效益，即通过项目课题的运营、实践，转变员工与集体的思维观念和行为模式。其中，管理者对项目课题拆解的指导，无论在获取经济效益，还是在变革企业文化方面，都有深远意义。

项目课题拆解的指导内容如下。

1.　课题推进目标拆解

课题推进目标是课题具体应实现的量化数字。对比具体的数字，能让目标清晰可见，同时体现出目标的达成进度。

表 5.3-1 所示为某企业电耗费用降低课题的课题目标与实绩对比。

表 5.3-1　某企业电耗费用降低课题的课题目标与实绩对比

	2016 年	2017 年											
平均		1月	2月	3月	4月	5月	6月	7月	8月	9月	10月	11月	12月
目标		46	34	50	48	37	36	38	34				
实绩		24	31	62	47	38	36	33	29				
达成率		191%	110%	80%	102%	97%	100%	115%	117%				

表 5.3-1 具体列出了企业在 2020 年电耗费用课题中，每个月应完成的目标和实绩对比。其中 1、2、4、6、7、8 月已完成课题目标，而 3 月和 5 月则未达成。无论是否达成，都应正确计算达成率，以体现课题推进的具体进度，并预测最终完成课题的成果。

2. 课题内容拆解

管理者指导课题内容拆解时，应根据课题内容和日程安排进行。如某企业将降低区域客户钢笔等产品投诉率的课题目标，定为降低 30%。为此，企业管理者根据实际情况，指导部门做出如下课题内容拆解。

6 月，企业通过微信公众号发布产品技术软文，针对高温天气下钢笔易产生的问题，发布产品存放提示。

7 月，梳理并重编钢笔等产品生产技术手册，在部门内部培训公司系列产品知识。

8 月，对产品投诉进行原因分析和对策改善，当月应进行 41 次。

9 月, 提高产品售前和售中技术交流, 包括钢笔缺料质量投诉改善、钢笔开裂问题改善、钢笔断裂问题改善等, 当月应进行 42 次。

10 月, 售后查漏补缺, 包括部门内人员售后专业能力培训等, 当月应进行 42 次。

通过上述课题内容拆解, 形成课题推进具体计划, 最终实现问题投诉率下降 30% 的课题目标。

3. 列出课题困难点

在拆解课题内容时, 还应列出困难点和需求配合事项, 保证部门执行课题过程中能明确重点问题, 并及时联系和组织其他部门予以协调。

上述企业项目课题的困难点和需求配合注意事项, 主要有以下几点。

（1）多个规格钢笔吸管的橡胶垫翻起, 导致钢笔吸管启闭失效, 暂未有效改进或论证改进产品。

（2）钢笔生产经验不足, 相关投诉的原因无法及时判定。

（3）公司仓储、装卸产品过程存在缺陷, 钢笔到货时受损、变形。

4. 改善课题内容拆解

不少项目课题内容都围绕产品或服务的改善进行。因此, 指导部门进行内容拆解时, 应突出改善前后的问题对比, 列举改善对策。

表 5.3-2 所示为改善课题内容的拆解。

表 5.3-2　改善课题内容的拆解

改善题目：关于无线信号传输改善	
改善前	改善后
根据生产需要，部分设备需新增信号到现场或 DCS 操作画面显示，采用常规有线传输，存在以下问题： 1. 敷设距离较远，所需信号线缆材料多； 2. 线缆在电缆沟、桥架内长距离敷设，施工时需拆、装盖板，施工难度大； 3. 电缆沟、桥架内原有线缆带电，部分为 10Kv 高压线缆，施工触电安全风险高； 4. 敷设电缆需要的施工人员多； 5. 基于以上情况，施工非常不方便，导致新增监测信号不能及时实施，一般在停产检修时才能实施	1. 现场勘查，确定新增监测点位； 2. 研究选择适宜的无线传输设备、线缆类型； 3. 减少电缆的材料使用量； 4. 减少电缆的安装施工，降低施工触电安全风险； 5. 减少施工安装人员，降低作业成本； 6. 提高作业效率

有形效果	节约线缆材料费： 300 米 / 点位 ×50 点位 ×10 元 / 米＝ 15 万元 节约人工费： 200 元 / 人 / 天 ×5 人 ×50 点位 ×0.7 天 / 点位＝ 3.5 万元 合计节约费用： 节约线缆材料费 + 节约人工费＝ 15+3.5 ＝ 18.5 万元
无形效果	提高生产效率 提高施工效率

该课题题目为关于无线信号传输改善，其改善思路是将有线信号传输改为无线信号传输，目的在于降低作业难度、减少作业风险、提高作业效率，最终形成改善后的实际结果，并在系统内进行推广应用。

类似拆解图表能直观、凝练地体现改善课题内容，具有很强的指导实效性。

5.3.2　以销售、成本科目为基础深挖课题

由于竞争，当企业规模保持不变时，利润额很难得到保障。因此，在目标分级拆解的过程中，企业应着重将销售、成本科目作为发力点，深挖课题。

表 5.3-3 所示为某企业部门、车间的销售科目课题列表。

表 5.3-3　某企业部门、车间的销售科目课题列表

编号	课题名称	责任部门	责任人	协同者	预改善指标	年度财务成果计算	开始日期	预计结束	课题预评	年度成果	备注
1	××区域销售额提升 36%	销售									
2	××区域销售额提升 28%	销售									
3	××区域销售额提升 19%	销售									

在表 5.3-3 所示的某企业部门、车间的销售科目课题列表中，管理者细化了不同区域、不同部门所应完成的销售额提升课题，并将责任部门、责任人、协同者等课题主体加以落实，将课题评价依据（预改善指标和年度财务成果计算）和课题起始时间点列出，由此有效推动精益经营的整体深化。

表 5.3-4 所示为某企业部门、车间的人员成本费用降低课题列表。

表 5.3-4　某企业部门、车间的人员成本费用降低课题列表

编号	课题名称	责任部门	责任人	协同者	预改善指标	年度财务成果计算	开始日期	预计结束	课题预评	年度成果	备注
1	××部门人员成本降低 35%	技术			节约人员由 6 人降低至 2 人	（改善前人数 – 改善后人数）× 年度单人工费用 =(6−2) × 5 = 20 万元					
2	××部门人员成本降低 31%	运营			节约人员由 × 人降低至 × 人						
3	××部门人员成本降低 32%	销售			节约人员由 × 人降低至 × 人						

在某企业部门、车间的人员成本费用降低课题中，管理者指导各部门围绕各自人员成本现状，列出具体预改善指标（人员减少数量），并以年度财务成果计算进行体现。这样的拆解列表能准确反映出成本是如何在人员领域有效降低的。以此类推，该企业还可以在技术改造、工艺创新、产品质量合格率、投入产出率、能源消耗率等领域，开展类似的成本费用降低课题，深入实现精益经营目标。

5.3.3　部门及 KPI 制订

在分解目标进程中，可以依据部门承担责任的不同，建立 KPI 体系，以明确每个部门应实现的目标。这种方式强调部门各自的责任，对企业目标加以分解，形成评价指标。

在制订部门 KPI 过程中，相比生产、销售、市场等业务部门，行政、财务、人事等职能部门的 KPI 制订相对较难。因为这些部门的大部分工作并不便于具体量化，KPI 指标较难提炼和设计，而如果采用定性指标打分的方式去评价目标，又容易导致目标分解流于形式。为此，在为职能部门设计 KPI 指标时，应结合企业规划、部门职责、企业文化等因素，进行全面的设计。

下面是企业中常见部门 KPI 体系的制订内容。

1.　计划部 KPI 指标

（1）订单完成率，它指完成销售部月度订单情况，其计算公式为：

订单实际完成数量 ÷ 订单销售计划数量 ×100%

（2）生产计划单结案率，它是指生产计划单及时结案情况，其计算公式为：

当月按期结案单数 ÷ 当月应结案单数 ×100%

（3）在制库存周转天数，它是指在制品周转天数（含在制、线边库），其计算公式为：

（期初库存金额 + 期末库存金额）÷2÷ 入库金额 ×30

2. 生产部 KPI 指标

（1）生产计划达成率，它是指完成计划部下达的（月、周）生产计划，其计算公式为：

实际完成数量 ÷ 生产计划数量 ×100%

（2）直接人工工资占比，它是指直接人工的工资占比，其计算公式为：

当月直接人工工资总额 ÷ 当月完工入库产值 ×100%

（3）产品合格率，它是指每月产品合格率，其计算公式为：

当月一次送检产品合格数 ÷ 当月一次送检产品总数 ×100%

3. 质量部 KPI 指标

（1）售出产品故障率，它是指售出产品质量表现情况，其计算公式为：

故障数量 ÷ 发生当月销售数量 ×100%

（2）不良质量成本（内部损失 + 外部损失）占比，其计算公式为：

不良质量成本占比 = 不良质量成本 ÷ 质量总成本 ×100%

（3）一次性下线合格率，即产品下线经过一次性检验时直接合格的比例，其计算公式为：

一次性检验后合格品 ÷ 一次性检验成品总数 ×100%

（4）首次合格率（FTT），它是指完成一生产制程中第一次产出就符合品质要求的产品比率，其计算公式为：

FTT% = （生产投入数 − 返工 ÷ 报废等）÷ 投入数 ×100%

5.3.4 重点工作月度拆解

通过培训，企业各部门员工应清楚如何对本部门重点工作及时进行月度拆解。

重点工作月度拆解，主要有以下内容。

1. 常设性重点工作

常设性重点工作，即每个部门日常应完成的经营管理工作。例如，财务部的常设性重点工作，包括资金支出的计划控制、运行成本的核算、期间费用的统计核算等。

2. 阶段性重点工作

阶段性重点工作，即每个部门在当月应重点完成的工作内容，可以用月度重点工作表格予以拆解。

表 5.3-5 所示为阶段性重点工作表格。

表 5.3-5 阶段性重点工作表格

项目模块	目标管理（制作人 : × × ×）	状态范例	完成（2分）	部分（1分）	未做（0分）	
完成期间	2020 年 5 月 22 至 2020 年 6 月 7 日	完成目标	95%	完成实绩		
	计划项目与说明	输出	负责人	完成日期	自评	终评
1						
2						
3						
4						
5						
6						
7						

8					
9					
10					

在拆解月度重点工作时，无论是常设性重点工作，还是阶段性重点工作，都应着重拆解其时间指标和效果指标。

例如，在拆解总经办的月度重点工作时，其中有一项阶段性重点工作为"采购方案、制度的制定和实施"。

其中，拆解的时间指标，对应物资采购、采购招标、采购管理的方案、制度以及实施计划，设定报审的时间节点，组织实施的时间节点。拆解的效果指标，则为"需要报审文件和实施计划，是否能经过企业总经理核准实行"。

5.3.5　重点工作复审

企业在重点工作的拆解和执行过程中，始终处于动态变化的经营环境。年度、月度的重点工作也总会面临不同的经营风险。这些风险有可能来自企业内部，如人力资源风险、技术风险、财务风险、管理风险、法律风险等，也有可能来自企业外部，如经济环境风险、自然灾害风险等。因此，加强重点工作复审，减少经营风险，对于保障企业正常经营非常重要。

重点工作复审，是指企业投入合理的审查成本，通过对重点工作风险的确认、选择和控制，达到最大的经营安全度。

企业的重点工作复审不可能一帆风顺。在进行重点工作复审时，通常需要坚持以下原则。

1. 客观审查

企业经营风险具有其客观性。在对重点工作复审时，复审人员要尽量客观全面，不能对风险熟视无睹，更不能为了迎合上级而过于乐观，导致在信息不全面、缺乏统计分析的情况下，对重点工作的潜在利益做出过高估计，而对可能带来的损失做出过小评估。

对重点工作复查时，要科学判断。尤其应发现重点工作安排中可能出现的疏漏，思考如何弥补这些疏漏，判断是否会带来更大风险、造成更大损失。

2. 合理控制

在对重点工作复查时，应结合合理控制手段。企业要学会在复查中，运用基本的风险应对策略应对重点工作风险。

（1）转嫁。利用合理、合法手段，对重点工作风险进行转移。例如，通过购买保险的方式或通过与第三者联盟的方式，转移重点工作的风险。

（2）规避。企业可以就重点工作的风险，与供应商、经销商等合作伙伴形成战略联盟，共同防微杜渐，规避因某个环节出问题而导致的重大风险。

（3）降低。对无法转嫁或规避的重点工作风险，采用积极的预防性措施，降低风险可能带来的损失。

（4）组合。增加承担重点工作风险个体的数量，降低企业由于重点工作而可能带来的损失风险。

5.3.6　项目课题指标核算

拆解重点工作目标不能割裂经营情况的历史、现状和未来。因此，企业在进行重点工作目标分析时，必须对生成的项目课题指标进行核算指导、系统评价，为重点工作的拆解和执行打好基础。

项目课题指标来源于企业年度战略地图、平衡计分卡等渠道。由于企业每年的经营重点工作不同，企业项目课题指标也会发生改变和调整。

例如，初创时期的企业，项目课题指标会更多关注客户数量增加、销售收入增长、新品开发等。此时，对项目课题指标的核算应侧重于这些领域。

当企业步入高速成长期，项目课题指标的核算则更多关注利润、客户满意度、大客户开发、流程效率、员工满意度等。

到成熟期，企业关注的项目课题指标也会有所不同，会更多集中在收入、利润、新品开发、成本控制、客户流失、流程效率等方面。

总之，不同发展阶段、不同规模、不同类型的企业，其项目课题指标会有所不同。企业应建立一套适合自己的选择、衡量、评估体系，对企业重点工作的项目课题进行核算。在核算过程中，课题指标的选择可能是财务方面的，也可能是非财务方面的；可能是定性指标，也可能是定量指标；可能是阶段性的，也可能是发展性的。重要的是，企业选择的课题指标，应能充分反映出年度重点工作的经营状况，而对课题指标的核算，也应与企业年度重点工作的关键策略保持一致。

5.3.7　项目课题成本核算

项目课题成本核算，是为了正确、及时地反映和监督项目课题费用支出的情况，以减少消耗、降低成本，提高项目课题成本管理水平。为此，应按照步骤核算项目课题成本。

一般的核算步骤如下。

1.　确定核算对象

项目课题成本核算对象为，经企业拆解后正式形成计划下达，并有明确研究目标和周期，有专门课题管理小组和经费来源，能进行单独核算的研究项目。

对符合上述条件的核算对象，应专门设立成本计算表单，按成本项目计算其负担的费用，体现课题成本实际构成。

2.　确定核算周期

项目课题原则上应以课题时间作为成本核算周期。如果课题时间较长，也可以按年度或阶段划分不同的成本核算周期。

3. 确定成本费用归集和分类方法

凡是为某一项目课题发生的直接费用，应直接计算入该课题的成本。如果是为多个课题产生的费用，则应选择合理简便的计算分配标准，在不同课题之间分配，分别计入不同课题的成本计算表单。此外，凡是为管理、组织项目课题所发生的成本费用，即属于间接费用，应先计入总管理成本项目中。在分配间接费用时，可根据耗用依据（如耗费能源）、课题人数、课题工资总额、课题直接费用额等标准分配。

5.3.8　部门内各岗位目标值设定

企业层面的重点工作目标是一个整体，在实际执行之前，需要将其分解为各个小块，形成部门的目标值。在部门内部，应进一步对这些小块加以分解，直到将其分解至相应岗位上的个人，形成具体的岗位目标值，保证整个目标的可实现性、责任的可追究性。

1. 目标值设定的流程

在对重点工作目标进行分解时，需采用一些目标值设定方法。表 5.3-6 所示为常见的部门内目标值设定方法。

表 5.3-6　常见的部门内目标值设定方法

目标值设定依据	目标值设定方法
按管理层次纵向分解	将目标值逐级分解到部门内各个管理层，直到分解给个人
按岗位职责横向分解	将目标值分解到各个工作岗位，直到分解给个人

采用上述两者进行分解，主要是基于工作关系来赋予部门内各岗位的目标值。如果基于时间顺序，还可以根据分解目标实施步骤和进度，对不同岗位进行分解，便于具体实践中的检查和控制。

2. 目标值设定的要求

对岗位目标值设定的要求是"纵向到底、横向到边"。

纵向到底，即逐级从上向下，从企业总目标到部门目标，最后到个人具体目标。

横向到边，即在目标值设定过程中，每个相关部门内的各岗位都应设立具体目标。而在横向分解后，设定的目标值处于同一层次。

具体而言，在设定目标值时，需要遵循以下五点要求。

（1）应遵循分合原则。要将部门目标分解为不同层次、不同岗位的目标。各个目标值的总和，能反映出部门整体目标，有助于实现整体目标。

（2）各个岗位目标应与整体目标方向一致，内容上下贯通，并确保部门整体目标的实现。

（3）目标分解过程中，应注意各个岗位目标所需条件和限制因素。

（4）各岗位目标之间，在内容、时间上应注意协调和平衡，确保同步发展，而不影响部门目标的实现。

（5）各岗位目标的表达应简明、扼要、明确，针对不同岗位，提出具体目标值和完成时限。

5.3.9　年度财务成果计算审查

财务成果的计算审查，包括利润形成的核算、利润分配的核算。

财务成果，是指企业在一定时期内的利润、亏损。即日常活动中，以企业所取得的收入减去所发生的费用，再加上计入当期损益的利得，减去计入当期损益的损失后的净额。

在利润表中，企业完成重点工作后的财务成果，应按照其形成来源分类列示，从而为报表使用者提供有用的会计信息。其中主要包括营业利润、利润总额、净利润等。

1. 财务成果的计算

营业利润、利润总额、净利润的计算公式如下。

（1）营业利润＝营业收入－营业成本－税金及附加－销售费用－管理费用－财务费用－资产减值损失 ± 公允价值变动损益 ± 投资收益（或损失）。

其中，营业收入包括主营业务收入和其他业务收入，营业成本包括主营业务成本与其他业务成本。

（2）利润总额＝营业利润＋营业外收入－营业外支出。

（3）净利润＝利润总额－所得税费用。

2. 利润形成的核算

企业在拆解和执行重点工作时期内，是形成利润，还是发生亏损，如何加以计算审查，主要取决于该期间所有收入和计入当期损益的利得，与全部费用和计入当期损益的损失两者之间的对比。

换言之，正确进行财务成果的计算审查，取决于日常财务人员对收入和利得、费用和损失的计量与确认。

3. 其他账户的核算

财务成果的计算审查，如营业外收入、营业外支出、投资收益、资产减值损失、公允价值变动损益、本年利润、所得税费用等。

（1）营业外收入账户。该账户属于损益类账户，主要用来核算和监督不同的非日常活动所形成的利得。

（2）营业外支出账户。该账户属于损益类账户，主要用来核算和监督各种非日常活动所形成的损失。

（3）所得税费用账户。该账户属于损益类账户，主要用以核算和监督应从利润总额中扣除的所得税费用。

（4）本年利润账户。该账户属于所有者权益类账户，主要用以核算和监督企业利润或亏损的形成。

5.4　目标达成过程管理

分解目标后，企业应通过会议、汇报、总结等方式，对目标达成过程予以精准管理。

5.4.1　月度点检指导实施

月度点检指导，是指通过月度点检会议，对各部门的月度目标推进情况予以评价和管理。

月度点检会议的主要内容，包括以下几点。

1. 作业完成情况

对当月布置给部门的目标作业情况加以分析判断，包括是否完成作业、完成程度等。

图 5.4 所示为作业完成情况的点检示意。

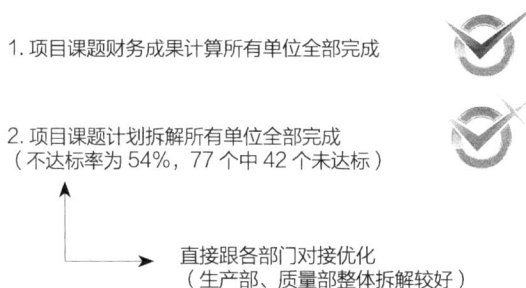

1.项目课题财务成果计算所有单位全部完成

2.项目课题计划拆解所有单位全部完成
（不达标率为 54%，77 个中 42 个未达标）

直接跟各部门对接优化
（生产部、质量部整体拆解较好）

图 5.4　作业完成情况的点检示意

图 5.4 的作业完成情况的点检示意显示，月度分解项目中，各单位的财务成果计算作业已全部完成；计划拆解作业中，77 个单位内有 42 个未达标，不达标率为 54%；其中，生产部、质量部的作业完成情况较好，其他完成情况未能达标的部门应进一步优化。

2. 经营指标达成点检

管理者对月度分解项目中，各单位是否完成月度经营指标进行点检，重点围绕月度经营指标的达成率进行测量和排序。

3. 推进汇报

各项目课题组长、各部门主管分别进行项目课题与重点工作推进汇报。汇报内容包括推进程度、推进成果、推进过程中暴露的问题与不足。

4. 部门工作点检表

根据不同部门在项目课题中的表现，由部门经理发布部门工作点检表。重点点检内容为在本部门牵头和参与的项目课题中，取得了哪些成果，存在哪些不足。

5. 问题检讨作业布置

企业管理者对各课题、各部门作业点检过程中暴露的问题进行检讨，发现问题原因，确定解决方法，并对形成的新作业课题进行部署。

5.4.2 营销模式分析与再造

营销模式分析与再造，既是严密的逻辑分析过程，也是企业管理层不断开拓思维、积极创造的过程。在面对竞争环境进行分析、决策过程中，管理者需要有严密的逻辑。而要打破现有的局面，就要善于整合新的资源，积极创新，突破思维束缚。

1. 营销模式分析与再造的原则

营销模式，是企业众多资源、活动与行为的集合载体。在营销模式中，从原材料采购、研发生产、仓储物流到经销商开发、渠道管理、终端促销等活动能构成完整的价值链。

重点工作推进过程中，企业经常忽视营销模式中有关外部价值链的管理。例如，由于营销模式的不足，企业耗费资源研发出的新产品的销售业绩不佳、品牌形象传播无效。简而言之，如果企业营销模式存在问题，营销资源、营销活动会彼此割裂，导致价值链管理的混乱，造成企业精益经营出现问题。

企业不能满足于单一的营销资源优势，这类优势已经无法支撑企业持久销售，新的营销模式应该能产生系统性的营销优势。因此，企业在对营销模式的再造中，应注意将资源嫁接、渠道管理、终端促销、广告传播等行为加以串联，形成高效运营的价值链，以此优化营销环节，创造更高价值。

2. 营销模式分析与再造的流程

营销模式分析与再造的流程，主要有以下步骤。

（1）洞察外界发展变化。企业需了解行业发展概况、竞争环境，积极研究市场潜力、行业周期和市场集中度，洞察企业在行业中所处地位，分析自身营销模式在产业价值链中的环节，探寻行业发展趋势，为企业寻找成长新空间。

（2）洞察客户需求。企业应划定目标客户范围，研究与企业重点工作相匹配的目标客户人群，了解他们的偏好变化、有无尚未满足的痛点，是否需要为其创造需求，研究竞争企业产品或服务是否满足了客户需求等。

洞察客户需求，才能明确企业自身营销模式的优点或缺点。根据洞察结果，才能重新定义产品的内容、客户需求和营销模式。总之，利用新的营销模式，为客户创造增值价值。

（3）创新市场。在分析营销模式过程中，研究现有市场的竞争程度，突破市场边界，探寻对关联市场的延伸方式，尝试在市场空间中扮演创新角色，改变为市场提供产品或服务的路径。

（4）建立新型营销系统。在营销模式再造过程中，企业将能建立新的营销系统，不断满足客户变化的需求，及时跟踪出现的问题。新型营销系统将更加数据化、智能化，会不断聚焦客户潜在需求，精准营销。

5.4.3 供应链管理

供应链管理，是与精益经营体系密切相关的管理思想和方法，即使供应链运营达到最优的管理模式。

供应链由所有加盟的节点企业组成，通常以大型制造或零售企业为核心节点，其他中小企业为节点。这些节点企业在需求信息驱动下，通过供应链上的职能分工与合作，以资金流、物流、服务流为媒介，实现供应链整体的不断增值。

供应链管理要求以最少成本运转整条供应链，从采购开始到最终客户需求的满足，包括工作流、实物流、资金流和信息流等，均能高效运转，从而将合适产品，以合理价格，在准确的时间和地点，销售给最需要的消费者。

企业供应链管理的目标是平衡总成本最小化、总周期时间最短化、客户服务最优化、总库存最低化等目标之间的矛盾，实现供应链整体绩效的最大化。

（1）总成本最小化。总成本不是专指某项活动的成本，而是整个供应链运营与管理的总和成本。为了确保供应链管理的有效性，企业应将内部各部门、外部合作单位作为有机整体考虑，确保各项成本之间达到高度均衡。

（2）总周期时间最短化。市场竞争早已不是单个企业能决定的竞争，而是企业所在供应链与竞争对手所在供应链的竞争。企业必须促使所在供应链快速有效地反应，最大限度缩短运行总周期。

（3）客户服务最优化。企业满足客户价值取向的程度，直接影响企业所占市场份额和供应链成本，并最终影响企业整体利润。因此，企业确定的供应链管理的目标，要能让上下游企业协调一致，达到客户满意的服务水平，吸引并留住客户，最终实现企业最大价值。

（4）总库存最低化。供应链管理的目标在于实现零库存，确保将整个供应链的库存控制在最低水平。企业达成总库存最低化目标，重点在于控制整个供应链的库存水平达到最优，而并非控制单个部门库存水平。

（5）物流质量最优化。供应链上的物流质量直接关系到企业内供应链的管理水平。提升物流质量也是供应链管理的重要目标。要实现这一目标，必须从原材料、零部件的供应开始，确保零缺陷，直至供应链管理的物流质量达到最优。

如果只是从传统管理思想而言，实现上述目标很容易出现矛盾，难以同时达到最优。因此，企业必须积极运用集成化、系统化的重点工作管理思想，逐步实现不同服务目标，即缩短时间、提高品质、减少库存，最终降低成本。

5.4.4　预算与成本管理

预算和成本管理，实际上是企业用数字编写关于未来重点工作的计划。从财务角度来看，根据财务项目生成的预算和成本管理计划，可以看作是货币化的战略管理计划。

1. 预算管理

预算过程中，财务项目包括收入、支出、资本预算等，非财务项目包括工时、材料、实物销售量和产量等。从结构上看，预算是关于重点工作所需资金来源和用途的文字说明，是广泛采用的传统管理手段。

按照功能不同，预算可分为经营、投资和财务三种。其中，经营预算是指企业在经营活动中，对可能发生的各项活动的预算。投资预算是指对重点项目的固定资产的购置、扩建、改造和更新所编制的预算，这一预算需要项目可行性研究加以支持。财务预算是反映企业计划期内关于现金收支、经营成果和财务状况的预算，主要包括现金收支预算、预计收益表、预计资产负债表等。

2. 成本管理

成本管理分布于事前管理阶段和实时管理阶段。企业在分解重点项目、形成具体目标时，更应重视事前成本管理。

事前成本管理，是指在成本形成之前，对构成成本的因素进行预测、规划和控制。在事前成本管理中，通过事前管理相关标准对产品、项目成本形成的过程加以监控，确保成本消耗在预计范围内。

事前成本管理主要使用价值工程分析法和保本分析法。

（1）价值工程分析法，是指以最低的总成本，充分实现产品或服务的必要价值功能。这一分析法着重对产品功能加以分析和管理。在这种分析法下，产品或服务的价值有所提高，而成本不变，无异于降低了成本。

价值工程分析法主要的管理对象如下。

①以设计工艺为主，改进那些浪费严重、结构复杂、消耗资源的设计。

②以生产工艺为主，改进产量大、操作工序复杂、客户意见多的产品服务。

③以营销模式为主，推出受客户欢迎的产品和服务，改进、淘汰销售效率不佳的营销模式。

④以直接成本为主，淘汰高成本、高能耗的产品和环节等，降低成本和消耗。

（2）保本分析法，又称盈亏临界点分析法，是企业在成本管理中的常用方法。该方法根据项目正常经营年份的产量、成本、售价和税费等数据，计算能使项目生产经营活动的成本与收益平衡的生产水平，从而分析项目承受风险的能力。

在保本分析法中，项目盈利和亏损的决定点称为盈亏平衡点。在该点上，销售收入与生产成本相等。盈亏平衡点越低，项目成本管理效果越明显，项目盈利可能性越大。

根据保本分析对象特点的不同，这种分析管理法还可以分为线性保本分析和非线性保本分析两种。

5.4.5　精益现场管理

精益现场管理的范围包含企业整个经营活动。为提高生产率，必须确保生产现场效率，加大投入产出比，以有限资源获得最佳经济效益。因此，精益现场管理要求将产品质量、成本、交货期作为重要管理内容，以提升客户的评价，提升企业的名声和效益。

1. 精益现场管理的要素

精益现场管理的要素，包括投入的资源、有价值的产品、质量、成本，以及交货期间。

（1）投入的资源。为完成具体的项目目标，企业必须投入厂房、设备、资金、人员等，这一切构成生产活动必须投入的资源。

（2）有价值的产品。现场生产活动的成果是产品，而当产品提供给客户时，才能形成价值。

（3）质量。产品的外观、性能、耐久性以及其他延伸价值，能满足客户实际使用的需要，得到客户的认可。因此，适当地提高产品质量水平，能提高客户购买欲望。

（4）成本。在现场生产活动中，必须通过精益现场管理，努力降低相关成本，以降低售价并提高市场占有率。

（5）交货期间。如果产品不能按期交付，其价值会大打折扣。为此，需要努力把控好从原料采购、生产到检验、销售等各个现场工序，做好精益现场管理。

2. 精益现场管理的要点

精益现场管理的要点，在于确保整个现场随时处于受控状态。

（1）目视化。在作业现场，必能明确谁在做什么、应该如何去做，以及产品质量、规格、成本、交付周期等有关规定。通过精益现场管理，确保任何时候都能在现场清楚地掌握生产情况。

为此，在作业现场，应该对各种管理活动的进展情况进行分门别类地统计。管理者可以通过展示板、图表、目视牌等方式，明确提示操作者按照质量、进度和完成时间完成工作。

（2）重点管理。在大多数中小企业内，从精益现场管理执行开始就想要让现场人员立刻完成全部的管理项目，这是不现实的。在日常现场管理中，企业应为现场人员提前总结出需要重点管理的内容，这些内容包括产品生产效率、产品质量情况、准时交付情况、员工动作和精神状态情况、设备运行情况、5S管理成果、安全情况、浪费消除情况。

（3）全员参与。现场管理不可能只依靠管理人员，而是需要全体员工参加，才能确保精益现场管理产生真正作用。

现场管理人员应充分调动基层员工参与管理的积极性，定期召开现场会，要求所有员工都参加。在会议上，应由管理者对现状加以说明，并主持讨论如何解决存在的问题，对员工提出的积极有效的建议予以充分肯定与采纳，从而提高员工参与管理的意识。

3. 精益现场管理的内容

精益现场管理的内容，主要有以下几点。

（1）现场作业管理。现场作业管理的目的在于设计最优作业方法，主要包括动作的改善、作业的简易化、作业的标准化、作业时间的标准化等。

（2）现场工序管理。现场工序管理主要包括：优化以人员、机器或者产品为中心的工序配置，使现场作业各工序和作业时间合理化；改善多余、不合理的操作顺序，使工序品质和成本始终处于受控状态。

（3）现场材料管理。现场材料管理主要包括现场材料、零部件、产成品存储、产成品运输管理等，以此保证工序衔接并能均衡生产。

5.4.6 月度工作推进与汇总

月度工作推进与汇总，是指对项目进行分解后，各级部门的经营管理人员，围绕本部门应负责完成的具体目标，将项目中应予完成的工作量分解到每月和每周。同时，根据每月、每周实际业务量，测算所需要的各种资源，并根据资源数量做好配套管理工作，确保资源能准时到位，完成月度工作目标。

在月度工作推进与汇总过程中，周计划的编制、执行等管理工作是实现月度工作目标的保障。

1.　周计划的编制和执行

周计划编制，是落实月度管理计划的重要措施。

（1）周计划编制，通常包括两种类型。项目周计划，即以周来划分总时间，将月度内应达成的目标，如生产、销售、经营、工作等计划任务，按周进度来加以拆分，确保计划目标可以按时间进度逐步达成。

编制班组周计划，即在部门内，将班组每周应完成的工作加以编制，并组织每个班组的员工召开计划会议，讨论如何落实、执行当周计划。

（2）周计划编制过程。其与月计划编制类似，先确定本部门或各班组当周应完成的任务、做成的事项，再根据任务，制订实施措施和步骤。在此基础上，逐步将任务分解为每个员工的当周工作。员工依据当周工作，制订每日工作的计划和实施措施，最终达成计划目标。

（3）周计划的执行过程。周计划执行过程，主要体现为每个员工的日计划实现。

日计划，是指员工接到当周计划后，以表格形式，按先后次序和时间流程，填写每天应完成的工作任务，再上报给班组或部门领导审批备案。

部门管理人需要督促日计划、周计划的落实和执行。首先，需要指导部门内的班组长，制订好周计划，并将周计划分解为日计划。其次，要善于从员工的日计划中发现闪光点，及时对那些有创意、有想法的员工给予肯定和鼓励。再次，要指导班组长关心员工，激发他们完成日计划的工作热情。

2.　月、周计划调整

月、周计划调整，是指部门或班组在执行月度、周度计划时，遇到突发事件或不可抗力因素导致特殊情况，而必须做出的调整动作。例如，客户紧急生产任务调整、人员配置不到位、机器设备维修等。此时，部门或班组负责人要及时对计划进行调整和改进。

3. 月、周计划盘点与结算

每周、每月完成工作之后，应及时进行计划盘点和结算。

（1）实行日计划管理的，应按日盘点，确保日清日结。

（2）实行周计划管理的，应按周盘点，做到周清周结。

（3）实行月计划管理的，月底应对本月度计划完成情况进行盘点、分析和总结。

无论实行日计划管理，还是周计划管理，或是月计划管理，都应按检查计划进行盘点与结算。在盘点中，应该核对各项计划任务和完成时间。其包括了解计划完成的进度，是否在规定时限内完成计划任务；了解计划任务完成的数量，是否在规定时限内达到了应该完成的数量；同时，还要了解计划任务完成的质量，是否达到了质量标准要求。根据计划完成进度和质量检查中出现的问题，进行检讨和分析，制订改进措施，将改进措施纳入新一周、新一月的工作计划。最后，还要对执行周、月计划而获得的成功经验，进行总结，形成工作标准予以推广。

4. 月、周计划表格

使用精益经营方式对月、周计划进行计划表格的管理。表5.4-1所示为月、周计划表格。

表5.4-1　月、周计划表格

项目名称			
预计业务量		实际业务量	

预计总收入				实际总收入			
预计总成本				实际总成本			
事项类型	事项名称	工作内容	责任人	完成时限	完成情况	问题分析	改进措施
重点工作							
日常工作							
临时工作							

利用这种表格，可以对部门、班组的月、周工作进行计划、管理。

5.4.7　高管牵头帮扶难点项目课题

在企业实施目标分解并加以达成的过程中，可以利用高管牵头形式，将项目分解到高管个人，形成一对一的帮扶机制。这种帮扶机制能够很好地利用高管的资源，实现难点项目课题的突破，完成项目目标。

表 5.4-2 为高管牵头帮扶难点项目课题分解表（某企业示范）。

表 5.4-2　高管牵头帮扶难点项目课题分解表

分工	工作计划工作（目标）内容		责任人	协助人	完成时间
总经理	1	管理人员培训："如何成为合格管理者"			
	2	管理者的创新思维与创造能力			
	3	政府对企业资金补贴			
	4	出差人员补助			
	5	优秀员工年终奖励			

分工		工作计划工作（目标）内容	责任人	协助人	完成时间
总经理	6	新产品发布会介绍			
	7	与合作渠道的洽谈			
	8	组织架构搭建			
运营副总	1	将公司内部管理制度化、规范化			
	2	制定公司组织结构和管理体系、相关的管理、业务规范和制度			
	3	组织、监督公司各项规划和计划的实施			
	4	开展企业形象宣传活动			
	5	协助人力资源部门进行现有工时定额的修改（初稿）			
	6	零部件的发放程序（外购）			
	7	简易棚搭放（后面场地）			
	8	指导公司人才队伍的建设工作			
	9	推进公司企业文化的建设工作			
	10	协助监督各项管理制度的制定及推行			
行政副总	1	确保职能部门完成好日常工作			
	2	制定公司级的规章制度、岗位职责、管理标准、工作程序			
	3	确保人力资源开发、劳动工资、人事管理			
	4	确保安全用电防范工作			

分工		工作计划工作（目标）内容	责任人	协助人	完成时间
行政副总	5	确保员工生活福利、后勤服务工作			
	7	做好 ×× 来客接待			
	8	抓好公司报刊管理工作			
技术副总	1	组织研究行业最新产品的技术发展方向			
	2	公司的整体核心技术建立			
	3	落实技术发展战略规划的执行情况			
	4	主持新产品项目所需的设备选型、试制、改进以及生产线布局等工作			
	5	研究决策公司技术发展路线，规划公司产品			
	6	与用户进行技术交流，了解用户在技术与业务上的发展要求			
	7	协助做好用户跟踪			
	8	制定技术人员的培训计划			
总设计师	1	规划方案的制作与完成			
	2	节材方案确定、实施			
	3	图纸设计			
	4	现在存在的问题及整改方案			

在领导挂帅帮扶难点项目机制运行中，需要将项目特点与高管所掌握的资源、擅长的领域、分管的部门等因素结合考虑，一一对应，确保帮扶机制的有效运转。

5.4.8　单位内部设备点检运营

为维护设备所应有的机能，按一定标准对设备规定部位进行性能的良好性检查，称为点检。

点检的目的在于及早发现设备的异常和劣化趋势，以便为编制设备修理养护计划等提供可靠依据。

1.　点检的类别

点检可分为日常点检、定期点检和精度点检三种。表 5.4-3 所示为点检的类别。

表 5.4-3　点检的类别

类别	对象	周期	目的	方法	点检部门及人员
日常点检	所有设备	每天	保证设备正常运转，防止故障发生	使用五感法，即视觉、听觉、触觉、味觉、嗅觉进行检查	使用部门、操作人员
定期点检	重点设备	每周、每月或每季度	保持设备规定的性能	以仪器检查设备劣化情况	维修部门、维保人员
精度点检	随机选取	不定期	确保设备规定的性能	对设备问题进行紧密细致的调查、测定和分析	维修部门和有关人员

点检时应注意以下事项。

（1）防止点检结果汇报无法得到及时反馈。

（2）如果在多次点检中都未发现问题，应引起重视、分析原因。如果在点检中发现问题，应做好记录，组织相关人员，分析问题产生的原因，并及时解决问题。

（3）因技术层面原因而无法发现问题的点检项目，应予以更换方法。

（4）加强人员培训，避免其负担超出个人能力的点检作业。

（5）避免点检项目的判断标准含糊不清，防止点检事项过于繁杂而不易记录。

2.　点检表和点检标准的编制

点检表和点检标准的编制，是设备检查动作的基本依据和执行规范。其中，点检表包括日常点检表和定期点检表。

（1）点检表编制时，内容应简要，方法应切实可行。

（2）应选择真正有必要点检的事项作为点检项目。

（3）点检项目应结合设备使用说明书、设备使用经验等选定，考虑设备对产品、质量、交货期、成本、安全生产等的影响。

（4）应尽量避免操作难度高、时间长的项目。

（5）点检顺序应考虑综合效率。

（6）点检判断标准应明确，不应含糊不清。

（7）尽量采用符号来记录，避免文字叙述。

表 5.4-4 所示为点检表范例。

表5.4-4　点检表范例

烙铁点检记录

烙铁编号：　　　　　　　　　　　点检设备：

日期	烙铁设定温度 /℃	实际温度 /℃	设备状态	操作人	备注
			□合格 □不合格		
			□合格 □不合格		
			□合格 □不合格		
			□合格 □不合格		
			□合格 □不合格		
			□合格 □不合格		
			□合格 □不合格		

备注：

1. 实际温度＝点检温度－误差值温度，误差值为 ＿＿℃，校准证书编号：＿＿＿＿，温度测试仪的误差值见评价结果；

2. 实际温度与烙铁设定温度误差应为 ±10℃，若超出误差范围则需要校准烙铁的温度。

企业内有各类设备，种类繁多，不同设备对生产过程、产品质量、交货期以及成本影响程度也各不相同。采取正确的点检规范、制订标准化点检表格，能有效突出重点、抓住主要矛盾，使项目管理收到事半功倍的效果。

第6章

目标管理中的经营目标分解与绩效指标

　　年度企业经营目标分解，可以按区域、时间、产品、客户等维度进行。通过有序分解，目标将进一步细化成绩效指标，提升目标管理效率。

6.1 企业战略管理框架与构造平衡计分卡

传统战略管理是长周期、多系统、线性单向的。然而，现代企业是复杂系统，面临着复杂环境，其动态性特征显著。基于精益经营的改善需要，企业必须采用战略管理框架与平衡计分卡，对战略管理做出改进。

6.1.1 企业战略管理框架

良好的战略管理框架是企业进行战略分析、战略选择、战略实施和控制的方法。作为战略管理框架的把控手段，该方法能确保战略管理充分适应复杂的竞争环境，帮助企业管理者快速决策、便捷行动，取得更好的经营业绩。

图 6.1-1 所示为企业战略管理框架。

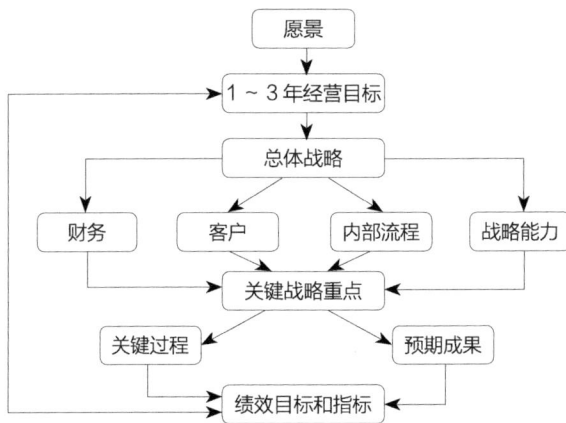

图 6.1-1　企业战略管理框架

在构建企业战略管理框架时，需要注意以下事项。

1.　构建战略管理框架的原则

战略管理框架的原则即"做正确的事情"，如企业面对市场竞争环境，如何在增长战略、维持战略、紧缩战略或组合型战略中加以选择。

2.　明确战略管理框架的宗旨

战略管理框架的宗旨是"在我们的每一项事业里应当如何进行竞争"，即在每一项事业的进程中，都要保持竞争、制定正确的竞争策略。如在企业的成本领先战略、差异化战略（别具一格战略）、集中化战略等方面，我们如何进行竞争，就要制定正确的策略。

3.　确定战略管理框架的内核

战略管理框架的内核是"我们应该怎么支撑总体战略和事业层战略"，要支撑总体战略，就需要各个环节以总体战略为导向，积极以自身资源配合。如企业的市场营销战略、人力资源战略、财务战略、生产战略、研发战略等，要从不同角度积极配合总体战略。

4.　战略管理框架的建构方法

战略管理框架的建构方法是"如何将一件事情做正确"，即要思考具体可行的办法，如为具体事情设置方式、方法、规范等。

6.1.2　如何构造平衡计分卡

传统的企业战略管理过于注重财务指标，而忽视了用户体验、上下游企业关系、企业潜力等方面的影响。而平衡计分卡将各类非财务评价指标加入传统评价指标体系中，构造出了更为全面的评价体系。

图 6.1-2 所示为构造平衡计分卡的方法。

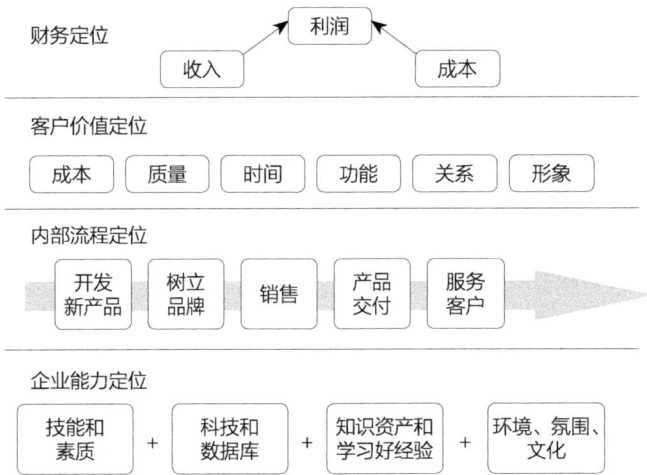

图 6.1-2　构造平衡计分卡的方法

平衡计分卡将测评、管理与交流功能集于一身，它综合考虑财务因素和非财务因素，通过四个层面，即财务方面、客户价值方面、内部流程方面和企业能力方面，解释企业在战略管理中的行为和作用。

6.2　经营目标分解

经营目标应一层一层地分解到各部门，使各部门清楚工作目标。表 6.2-1 所示为经营目标分解原则。

表 6.2-1　经营目标分解原则

层　别	决策类别	问题角度	设定分析方法
高层	战略目标	从经营角度出发主动创造问题	目标设定 强调形势分析
部门层	战术目标	发现问题和建立解决问题的体系、制度	目标设定 强调现状分析

层　别	决策类别	问题角度	设定分析方法
基层	作战目标	具体执行制度和解决问题	目标设定 强调问题分析

结合分解原则，经营目标可以按以下维度分解。

6.2.1　财务方面

在战略目标和指标中，财务方面的拆解内容应体现为绩效衡量指标，用以解答"什么样的财务结果，是企业计划制订的核心目的""经营战略及其实施是否为股东创造更多价值"等问题。

财务目标主要衡量的核心要素包括销售额、利润、经济增值、净资产回报率、现金流、运营费用、人均创收等。

财务目标分解过程中，目标应一层一层地分解到各部门，使各部门清楚自身的财务目标。

财务目标的分解原则，主要包括以下四点。

1.　根据企业制定的财务目标分解

将整体财务目标拆解至不同部门，根据各个部门性质与任务，确定分配权重。

2.　根据企业发展策略分解

根据企业发展策略，制定与财务目标匹配的绩效评估指标。

3.　全面覆盖

所有部门均应有详细的财务目标评估指标。

4.　系统综合

所有财务目标和指标在汇总后，应达到企业总的财务目标。

6.2.2　客户方面

客户目标的重点是客户和市场定位。这些目标应用于回答"收益来自哪些客户和市场""目标市场的收益是多少""为达到目标收益，产品和服务的价值组合是怎样的"等问题。

企业在分解客户目标过程中，应从市场份额、客户保留率、客户获得率、客户利润率、客户满意度等核心领域，了解环境变化显现出的趋势。在这些趋势指导下，企业才能建立应对市场的策略，对客户目标进一步分解，找准企业优势，制订出完成年度目标的基本策略。

6.2.3　内部流程方面

企业为吸引并留住目标市场的客户，满足股东的财务回报期望，必须明确擅长的核心经营流程。

企业为实现内部流程目标，需要面对以下问题，即"为提升客户满意度和满足股东财务回报期望，哪方面的内部流程具有最大影响"。

企业内部的主要业务流程体现为价值链。在价值链上，各阶段目标应当与主要业务流程相联系，不同战略的企业选择在不同的流程中做强做精，各个部门在整个价值链中提供服务。

围绕与价值链相关的内部流程目标，企业应着重关注产品质量、技术指标、员工能力等内容，结合总目标的时间要求，对经营目标进行分解。

图 6.2-1 所示为内部流程范例。

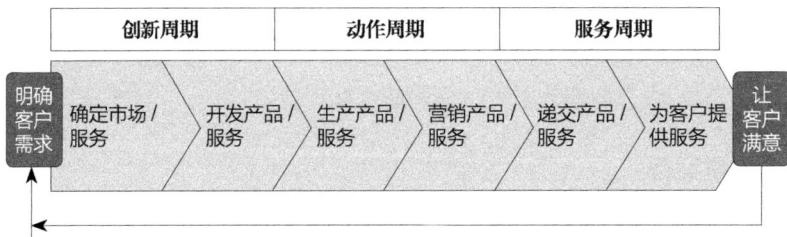

图 6.2-1　内部流程范例

从图 6.2-1 中可以看出，利用内部流程可有效将相关经营目标落实到不同周期内，形成具体的、可测量的、可评分的成绩指标，便于考核、评估和反馈。

除此以外，为实现内部流程目标，需要衡量的核心领域还包括制造方面流程的有效性、经销店的覆盖率和能力提升、新产品销售所占的百分比、新产品投放率等。

6.2.4　企业系统能力方面

在企业能力方面，应着重建立能应对内外部环境变化的经营系统，将整体经营目标渗透到基层组织，并开展成员个人的目标管理。为了取得竞争成功，员工必须不断丰富企业的核心知识和创新精神。

为此，管理者需要清楚"什么是能增加企业价值的人员能力、知识和创新精神"。

图 6.2-2 所示为企业系统能力方面的目标分解过程。

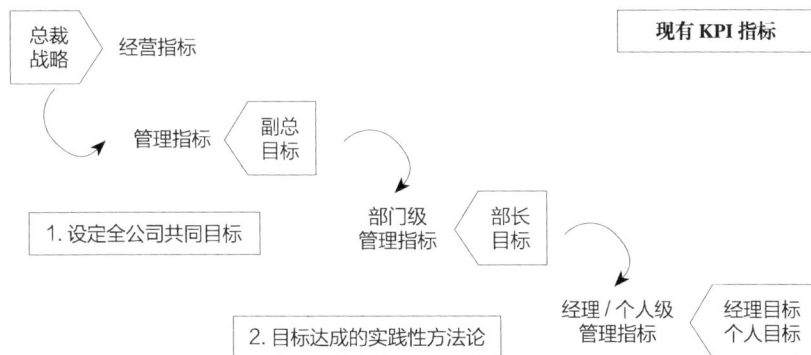

图 6.2-2　企业系统能力方面的目标分解过程

从总裁战略逐步分解为副总、部长、经理、个人目标，企业系统能力在不同目标指导下获得提升。

6.3 绩效标准与指标权重

绩效标准离不开指标权重，而指标权重又必须转化成绩效标准才能发挥作用。管理者需要正确认识两者的关系，将之充分结合，形成科学的绩效评价体系。

6.3.1 绩效指标与绩效标准的差异

绩效指标，描述的是从哪些方面对工作产出进行衡量。绩效标准，是指这些指标分别应该达到何种水平。

换而言之，指标解决了企业管理者需要评估什么的问题，标准解决的是被评估者应做到何种程度、完成多少任务的问题。

6.3.2 什么是衡量标准

在绩效评估指标中，衡量标准主要分为两种类型。通过两种类型衡量标准的综合运用，管理者能有意识、有方向地选取绩效指标。

1. 量化标准

量化标准，即可以直接用数字体现的员工工作成果。

（1）成本数量，如完成同一项工作任务，员工花费了多少资源、节省了多少资源。

（2）销售数量，如在同一段时间内，员工交付和销售了多少产品或服务。

（3）工作时限，如员工何时开始或结束行动。

2. 质化标准

质化标准，即通过综合形式（包括量化和非量化）对工作结果进行衡量的标准。

（1）质量标准，如产品或服务如何满足客户的需求、客户的认可程度如何。

（2）工作影响，如行动的具体结果、可观察到的影响如何。

（3）工作过程，如工作是否按照设定的标准程序进行。

无论何种衡量标准，都应该针对那些重要的、关键的、少数的指标进行衡量，而不能被非重要的、难以衡量的、多数的指标分散注意力。

6.3.3　什么是基本标准

在绩效衡量过程中，应该尽早建立对员工和部门要求的基本标准。所谓基本标准，是指对某个被评估对象而言所期望达到的水平。这种标准是每个被评估对象经过努力所能达到的水平。因此，对大多数职位而言，基本标准能在不同水平上描述出来。

基本标准的作用，在于判断被评估员工工作绩效是否能满足基本要求。利用基本标准评估结果，能确定那些非激励性的薪资待遇发放标准，如基本工资等。

6.3.4　什么是卓越标准

在绩效衡量过程中，当基本标准形成后，管理者应随即建立和推广卓越标准。

卓越标准，是指对被评估员工未做强制性要求和期待，但他们通过努力，可能达到的绩效水平。这种标准并非每个被评估员工都能达到，只有少数优秀员工才能达到。同时，卓越标准也不像基本标准那样能描述上限，通常没有上限。

卓越标准的主要作用，在于识别榜样。利用卓越标准评估结果，能确定激励性的人事待遇，如额外奖金、分红、职位晋升等。

无论基本标准，还是卓越标准，其制订顺序都遵循以下步骤。

1. 拟定标准

由制订标准的主管考虑所有因素，暂拟定标准后，与员工交流，收集员工意见，接纳有效建议。

2. 暂定标准

员工提出的建议形成标准后，由主管确认并同意。

3. 确定标准

主管和员工分别围绕各自提出的标准，拟定绩效评价方案。将两种方案进行比较、合并，形成最终的绩效评价方案。

6.3.5 权重

权重的意义在于体现某一绩效评估指标在所有指标中的重要程度。重要程度不同，指标的权重就不同，指标的重要程度越高，权重就越高。

权重为百分制，所有评估指标权重相加之和，必须为100%。

在绩效衡量中，权重是非常关键的数据评价工具。权重能指导评估团队或个人，合理使用资源，将大部分时间、精力和资源投入对最重要因素的评估工作中。权重能使员工感受到的期望更加明确，能提高工作效率、减少资源的浪费，也能使评估更加客观。

第 7 章

目标管理中的组织优化与设置

在目标管理中，组织优化与设置必须遵循一定的逻辑。首先，应了解组织优化与设置的基本逻辑。其次，在分析组织优化与设置的理论基础上，明确目标管理指导下企业组织优化的思路。最后，要掌握企业组织优化的系统方法。

7.1 组织优化与设置

目标管理是让组织的主管人员和员工亲自参与目标的制定，在工作中实行自我管理，并努力完成工作目标的管理制度或方法。因此，目标管理的组织设置必须不断优化，以适应实际的目标管理需要。

7.1.1 组织结构设计的基本原则

要实现组织目标，首先需要考虑的就是组织能否高效运转。企业的组织结构运行状况能反映企业的整体运转状态。组织结构是一个载体，通过这个载体，管理者能看到整个企业的指挥命令、信息传递、控制以及部门协调等方面的情况。组织结构设计合理与否，将会直接影响整体运营的效率。

组织结构与企业发展是否匹配非常关键，如果出现不匹配的情况，会降低运转效率，产生负面影响，如管理失控、效率低下、工作不细化、出错率高等。

在目标管理中，组织结构设计的基本原则有以下几点。

1. 系统性原则

组织结构应该成为一个完整的运营系统，为此需要做到以下几点。

（1）一个上级的原则。

（2）责权一致的原则。

（3）管理既无重叠，又无空白的原则。

2.　垂直性原则

组织结构应成为垂直层级体系，便于贯彻目标管理的意图、分解目标管理的任务，其中最需要关注的内容如下。

（1）逐级传达原则。

（2）逐级服从原则。

3.　横向联络系统原则

组织结构还应包括横向联络体系，便于相互沟通、协调与合作，其中最需关注的内容如下。

（1）相互服务的原则。

（2）相互制约的原则。

7.1.2　组织运营的基本原则

现代企业目标管理的基础是企业的组织运营。然而，建立在分工理论上的组织运营方式，已不适应信息化时代。越来越多的企业选择市场链流程式的组织运营方式。

所谓市场链流程，就是通过信息化使企业与市场以最短的流程联结在一起，使流程不被割裂，并使组织简化，向零管理层努力。

图 7.1 所示为现代企业目标管理组织运营基本原则。

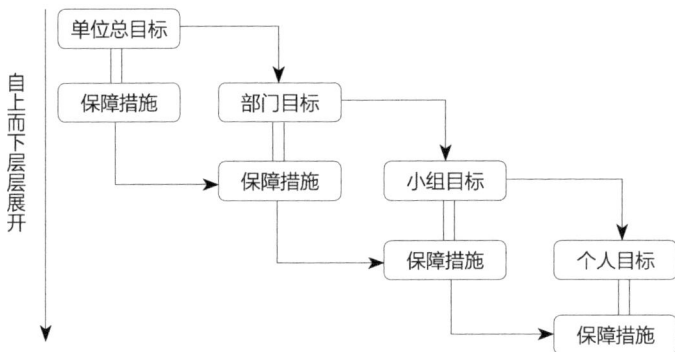

图 7.1　现代企业目标管理组织运营基本原则

具体而言，目标管理下组织运营的基本原则有两点。

1. 流程化运营

企业目标管理应形成流程化。

（1）核心作业流程化。核心作业活动如识别顾客需求、满足这些需求、接收订单、评估信用、设计产品、采购物料、制作加工、包装发运、结账、产品保修等，要优化其与其他环节的衔接流畅度，以达到整体流程优化的目的。

（2）管理活动流程化。管理活动中，如计划、组织、用人、协调、监控、预算和汇报等环节要紧密配合与衔接，以确保作业流程以最小成本及时、准确地运行。

（3）信息系统活动流程化。这个过程中，要保持信息传递通畅，系统最优化，如通过提供必要的信息技术以确保完成作业活动和管理活动。

（4）支持作业流程化。这个过程中，相关支持作业包括设施、人员、培训、后勤、资金等都必须形成紧密配合的状态，以支持和保证核心作业流程运行。

2. 分解化运营

不经过分解的目标是没有意义的目标。企业在目标管理运营过程中，要实现目标具体化、分解化。

（1）目标分解的要求。

目标具体，即"这个目标是否告诉上级最终完成的具体是什么"。

目标可考核，即"上级通过哪些指标评价工作结果"。

目标是上下级双方认同的，也为客户所认同。

目标具有一定的挑战性，即"这个目标是不是具有挑战性而又可以实现"。

目标具有一定的时间性，即"该项工作应该在什么时间完成"。

上述考核标准、完成时间，有必要作为目标管理的内容列入目标表格中。

（2）目标分解的过程。

在目标分解的过程中，首先，将年度总目标分解到部门，让直接创造价值的部门承担具体的数字目标任务、间接创造价值的部门承担辅助和服务性目标任务。随后，将部门目标分解到员工，再在部门内部分工，从而将目标任务落实到每个员工。

7.2　编制岗位说明书

岗位说明书，不只是企业内人力资源部门的招聘和管理工具，更是目标管理的利器。认识和利用岗位说明书，企业管理者将从中获益匪浅。

岗位说明书的基本内容在第 4 章已经说明，不再赘述。

7.2.1　岗位说明书的作用

为了更好地编制和应用岗位说明书，企业应从不同方面认识岗位说明书的作用。

图 7.2 所示为岗位说明书的作用。

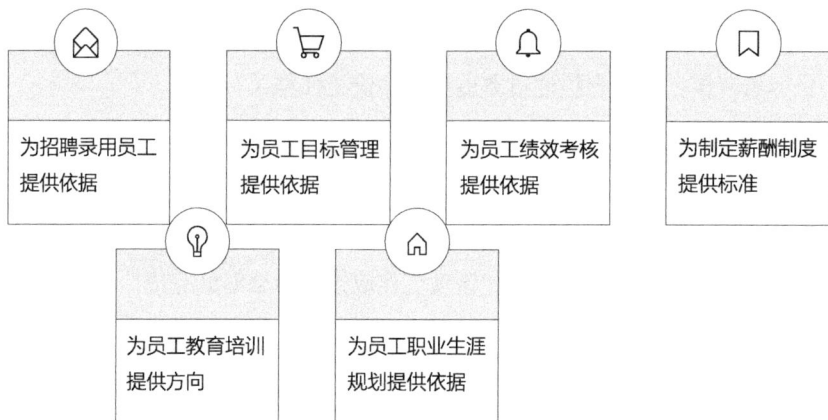

图 7.2　岗位说明书的作用

岗位说明书的主要作用，包括以下六点内容。

1. 招聘的依据

岗位说明书规定了员工任职的基本要求，如学历、工作经验、必需的知识、技能等，可以作为企业目标管理过程中的招聘标准和参考依据。

分析和应用岗位说明书，能确定不同岗位员工的招聘渠道和方法，避免招聘过程中的盲目和浪费。而在招聘完成后，可以根据岗位要求，对不同类别员工进行有针对性的培训，减少其对工作的不适应，尽快在各自岗位创造价值。

2. 员工个人目标管理的依据

企业在为员工设定目标时，应依据岗位说明书所规定的职责，为员工分解目标。因此，岗位说明书是给员工下达目标的凭证，也是对员工完成目标情况加以评估的衡量依据。例如，给人力资源部培训专员下达的目标，就是根据其岗位说明书列出的工作内容而制定的培训方面的指标，而不是薪酬岗位管理的相关指标。

同时，利用岗位说明书，员工还能进行重要的自我目标管理。由于岗位说明书规定了不同岗位具体职责，员工可以随时参照现实工作情况，对自己完成岗位目标的情况有所了解，进行自我目标管理。部门主管也能随时查阅岗位说明书，从而更明确高效地指导员工进行目标管理。

3. 绩效考核的依据

企业在进行绩效考核时，应通过查阅岗位说明书，明确各个岗位应考核哪些方面的工作内容。岗位说明书明确规定了某一项职责的定义、范围，清楚地表明了员工应该履行的工作职责。因此，员工是否完成岗位说明书所规定的工作、是否成为合格人员，通过查阅岗位说明书，就能清楚地得出结论。

4. 制定薪酬制度

制定每个员工获得不同薪酬的标准，并不是依据管理者个人的感觉，而是依据岗位评价。岗位评价的依据是岗位说明书。这说明依据合理的岗位说明书对员工表现进行评价，才是真正有意义的评价。反之，如果岗位说明书欠缺科学性，员工和岗位薪酬制度也就难以发挥积极的激励作用。

因此，岗位说明书为薪酬制度提供制定和执行的依据。如果岗位说明书不够客观、全面，那么薪酬制度就失去了可参考标准。

5. 为员工教育和培训提供方向

对员工的教育和培训是为了满足岗位的需要，为此应明确岗位需要的知识技能和素养，而岗位说明书可以提供相关的答案。

因此，企业可以依据岗位说明书的具体要求，对能力不足的员工进行充分培训，以提升他们的能力，确保他们可以完成岗位说明书的要求。

6. 员工职业规划的依据

在企业发展过程中，优秀的员工应该得到更多的提升，而表现不佳的员工也应得到相应的处罚，甚至淘汰。企业应适时地做出对应的行动，指导员工完成个人职业规划，这样才能有效激发员工的积极性。

结合岗位说明书的内容，对员工各方面素质和成绩进行综合评价，就能判断他们是否称职，再由此进行激励，包括晋升、奖励、培训等。因此，岗位说明书是员工个人职业规划的重要依据。

7.2.2　岗位说明书的编写原则

岗位说明书具有非常重要的作用，企业管理者要予以重视和运用，而运用的前提是遵循岗位说明书的编写原则。

岗位说明书编写原则，主要有以下几点。

① 岗位应反映任职者应该进行的任务及活动。

② 岗位说明书体现的是对岗位本身的要求，而非对任职者的要求，即"对事不对人"。

③ 在编写特定岗位的说明书之前，应积极了解该岗位所在的组织和流程。

④ 岗位说明书应每年例行修订一次，以体现战略内容的具体变化。

⑤ 当组织结构和岗位主要职责发生变化时，应及时修正岗位说明书。

7.2.3　岗位说明书的编写程序

编写岗位说明书应遵循必要的程序，确保岗位说明书内容的客观性与科学性。

1. 明确格式要求

由企业管理层和人力资源部门共同明确岗位说明书的统一格式要求。岗位说明书没有固定的内容格式，企业可以使用同一种格式的岗位说明书，也可以在基本格式相同基础上，将企业内岗位说明书分为几种类型，如管理人员岗位说明书、技术人员岗位说明书、普通员工岗位说明书等。

2. 编写初稿

各部门自行选用岗位说明书编写所需资料，并编写岗位说明书的初稿。

3. 修改和复核

各部门听取专家、人力资源部或岗位分析小组的建议，进行讨论，对部门岗位说明书进行修改和复核。

4.　批准颁布

各部门批准和颁布岗位说明书，形成标准的岗位说明书。

7.2.4　岗位说明书的编写规则

在岗位说明书中，岗位描述、职责要求等内容的编写极为复杂。为了解和描述岗位的情况，明确岗位说明书的编写规则非常重要。

1.　职责要求编写规则

职责要求能表示岗位的职责和权限范围，其编写规则主要包括两点。

（1）明确和细分岗位职责。岗位职责来自分解后的企业总目标。管理者应按照企业整体要求，描述该岗位具体做什么。

在编写岗位职责时，首先应确定该岗位职责的几个板块，即本岗位应该做哪些事情，随后对之进行具体描述。

（2）善用动词界定工作性质和权限。在岗位职责描述中，应准确选择动词，对职责权限范围和性质进行描述。在岗位说明书编制过程中，常见动词如下。

决策性质的动词，如批准、授权、规划、决定、领导、计划等。

管理性质的动词，如组织、评估、达到、实施、改善、规范等。

支持性质的动词，如建议、提议、支持、预测、分析、促使等。

基本用词的动词，如检查、收集、发放、提交、处理、操作等。

针对制度、方案、计划等文件，可以使用草拟、拟订、审核、审定、转呈、提交、下达、备案、存档、建议等动词。

针对信息、资料等，可以使用调查、收集、整理、分析、研究、总结、提供、汇报、反馈、转达、通知、发布、维护管理等动词。

针对某项工作的管理，可以用主持、组织、指导、安排、协调、监督、会同、审批、审定、签发、批准、评估等动词。

针对某项工作的下级行为，可以使用检查、核对、收集、获得、提交、办理等动词。

针对思考行为，可以用研究、分析、建议、评估、推荐、参与、计划等动词。

针对专业行为，可以使用协助、促使、联络、建议、推荐、支持、评估等。

2. 关键业绩指标填写规则

关键业绩指标是对目标实现具有重要意义的工作行为指标。在岗位说明书中，关键业绩指标是岗位绩效目标设定和考核的重要依据，要选择能充分体现岗位价值的关键业绩指标。

需要注意的是，企业在绩效管理制度中，应该对关键业绩指标进行标准分级。当绩效管理制度随着管理需要而发生变动时，应该对岗位说明书中的关键业绩指标加以补充和更正。

7.3 管理流程梳理与优化

企业组织效能低的主要原因在于运营流程不清晰、不规范，岗位职责、岗位标准、岗位目标不明确。企业内部组织不协调、相互推诿责任的主要原因在于工作程序不清晰、职责界定不清晰。

为此，企业必须对管理流程进行梳理与优化，以明确企业内部的规则、岗位职责、绩效评价标准，构建岗位绩效评价体系。

7.3.1　梳理流程要解决的五大问题

"没有规矩，不成方圆。"制度是企业的"基本法"，而流程则是建立和实行制度的基础。

在梳理流程过程中，需要解决以下问题。

1.　各项工作程序是什么

在流程梳理过程中，应确定工作程序和控制点。为此，管理者需要考虑管理流程全方位渗透的特点，对企业生产经营活动中的各项工作程序进行动态、实时的监测，及时发现问题，从而调整改进或重新设计工作程序。

2.　部门和岗位的责权有哪些

为充分发挥企业各部门、各岗位人员的主观能动性，应根据其所从事的不同工作内容，明确规定其应承担的工作责任，形成多层责任网络。

在理顺责权过程中，需要注意以下事项。

（1）责权相当。各部门、各岗位需要承担何种责任，就应具有何种权力，有何种权力，就应承担何种责任。只有将责权有机结合，才能确保各部门、各岗位的人员能各司其职、各行其权。

（2）责任可控。各部门、各岗位是否能很好地履行责任，在于其责任是否可控。梳理管理流程，能更加明确责权范围，避免绩效考核流于形式。

3.　各部门岗位和程序的标准是什么

企业管理体系的高效率来自高效的跨部门、跨团队合作。为了避免重复建设、资源冲突、部门主义等问题，企业应通过梳理管理流程，建立各部门岗位和程序的标准。

建立成熟的管理流程后，企业能以标准化的方式，解决部门与部门、岗位和岗位之间的输入输出矛盾，明确各部门的工作路径，设定具体的风险控制点。企业可以合理授权，发挥各部门、各岗位的主观能动性，保证企业的高效运行。

4. 怎样保证工作程序运行

管理流程的优化主要是为了诊断工作程序中那些不创造价值的环节，通过消除这些多余环节，确保工作程序运行的效率最大化。因此，管理流程优化的过程就是工作程序精细化的过程，精细化管理流程的再造意味着积极发现并消除工作程序中的非增值环节。

为了确保工作程序运行，管理流程优化的关键点在于抓住核心流程，避免陷入过大过全的工作程序误区。为此，应明确工作程序的控制点，建立科学决策的工作机制，避免工作程序的随意性。

5. 违反工作程序将怎样

传统的管理工作程序往往基于职能部门分工，因此会出现条块分割、协同不够、奖惩不明的状况。梳理流程、形成管理工作制度，能有效改善这种状况。

在管理工作制度约束下，工作流程能贯穿不同职能部门，每个职能部门能清楚各自在流程中所需承担的任务，同时也了解违反管理工作程序后面对的处罚。

正是由于管理工作制度的约束，各个职能部门会按照要求完成流程中的具体工作，确保工作程序的运行。

至于流程内容与管理流程图符号等内容，我们在第 5 章已作介绍，不再赘述。

7.3.2 流程优化结果

很多企业的管理者对管理流程优化工作不遗余力，但管理流程的优化停留在纸面上，无法有效执行、落实，导致之前做的工作付诸流水。因此，如何保障流程优化结果，是管理流程优化过程中首先考虑的内容。

图 7.3-1 所示为流程优化前后的结果。

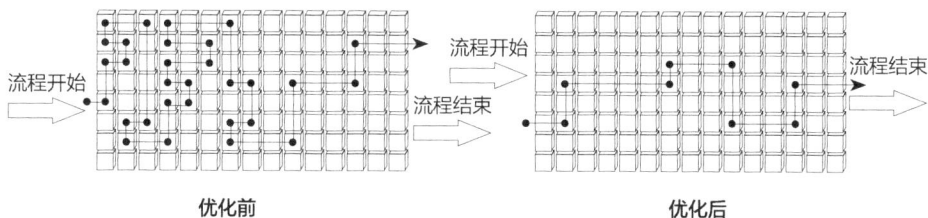

图 7.3-1 流程优化前后的结果

流程优化结果的价值主要体现在以下方面。

1. 流程的合理化

流程优化结果的价值首先表现为合理化。流程的合理与否，取决于是否能满足企业生产的要求。

企业生产能否高效进行，取决于生产流程前后环节之间的价值传递是否顺畅。当流程优化后，生产运营从头至尾变得更加顺畅，那么流程优化结果就是合理的。反之，如果出现了停顿，就会出现低效化，那么流程需要进一步优化。

2. 流程的可控化

流程优化结果也表现为可控化。流程是否可控，要依据是否符合管理特点来判断。企业生产运营流程的有序进行，主要依赖于上下层级之间的协作。流程的可控性与上下层级之间的协调性正相关。

经过流程优化后，如果企业生产过程自上而下都很协调，那么流程优化结果就是可控的。相反，如果生产过程中仍存在执行障碍甚至失控，流程结果就缺乏可控性，需要进一步优化。

3. 流程的便捷化

流程优化的结果还体现为便捷化。流程是否便捷，要看优化后是否能产生更高效率。在实际生产过程中，如果没有重复、无效的工作步骤，流程即是便捷的；相反，结果不够合理，就会出现多头管理和无用作业。因此，在工作流程中，出现浪费、低效的环节，就是需要管理流程进一步优化的地方。

附 2：组织结构设计方案范例

可依据不同企业类型设计组织结构。组织结构设计范例如下。

1. 生产企业范例

生产企业采用何种组织结构，必须结合本企业的实际情况加以考虑，如企业规模、人员素质、生产工艺复杂程度、所处环境等。企业应以是否能最高效完成目标为依据，选择具体的生产组织结构，设立相应的生产管理机构。

图 7.3-2 所示为生产企业组织结构设计方案。

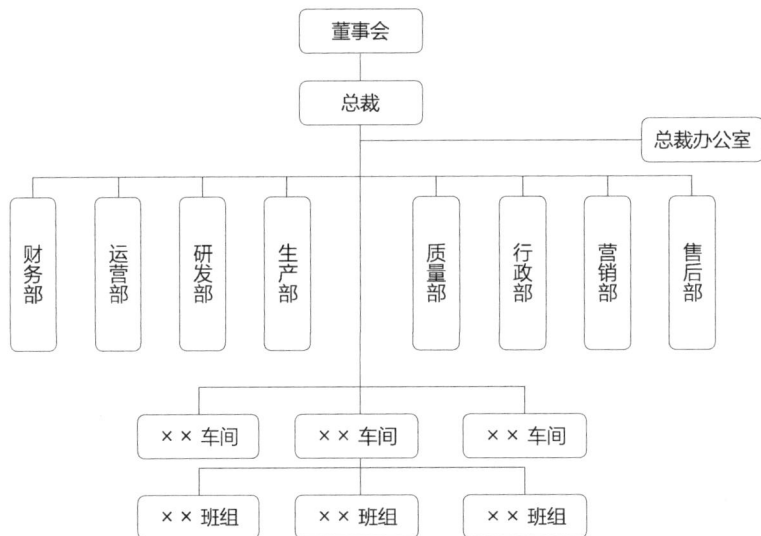

图 7.3-2　生产企业组织结构设计方案

2. 销售企业范例

图 7.3-3 所示为销售企业组织结构设计。

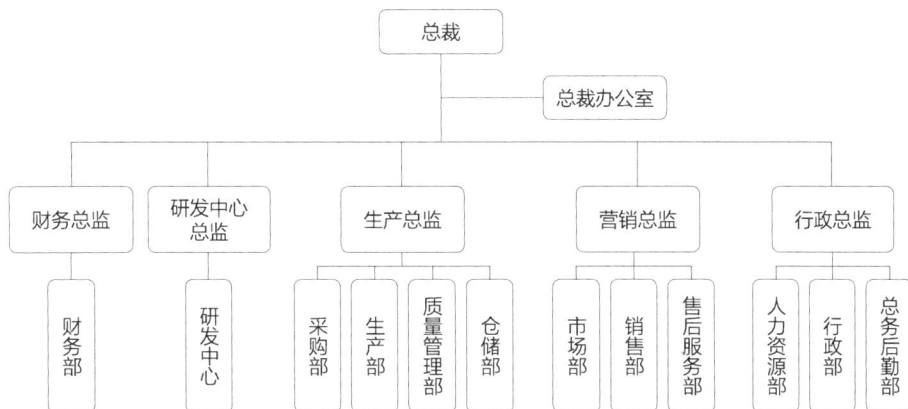

图 7.3-3 销售企业组织结构设计

附 3：会议管理制度模板

表 7.3-1 所示为会议管理制度。

表 7.3-1 会议管理制度

制度名称	会议管理制度	受控状态	
		编 号	

<table>
<tr><td colspan="4" align="center">第 1 章 总则</td></tr>
<tr><td colspan="4">第 1 条 目的
为规范企业会议管理，提高会议质量，降低会议成本，特制定本制度。
第 2 条 适用范围
本制度适用于公司全体员工。</td></tr>
<tr><td colspan="4" align="center">第 2 章 会议类别</td></tr>
<tr><td colspan="4">第 3 条 总经理办公会
1.总经理办公会是由总经理本人或委托人定期召开的工作例会。
2.参加人员为总经理、财务经理、项目经理及相关的部门负责人。
3.时间原则上定为每周。
4.例会由行政管理部转发通知，并做好会议的相关准备工作。
5.会议纪要由行政管理部负责整理，并于下一个工作日呈总经理审阅后发放至各有关部门。
第 4 条 部门例会
1.部门例会是由各部门负责人定期召开的工作例会。</td></tr>
</table>

制度名称	会议管理制度	受控状态	
		编　　号	

2. 例会时间由各部门根据部门工作特点合理安排，以不影响日常工作的正常进行为原则。

第 5 条　部门联席会议

1. 部门联席会议是由总经理或各职能部门经理发起召开的跨部门协调、协作专题会议。

2. 会议由行政管理部转发通知，并安排时间、地点。会议纪要由行政管理部负责整理，并于次日呈总经理审阅后发放至各有关部门。

第 6 条　其他会议管理

1. 行政管理部每周应将企业例会和各种临时会议，统一编制《会议计划》并印发给企业领导和各部门及有关服务人员。

2. 凡行政管理部已列入《会议计划》的会议，如需改期，或遇特殊情况需安排其他会议时，召集单位应提前 2 天报请行政管理部调整《会议计划》。

3. 对于参加人员相同、内容接近、时间相适的几个会议，行政管理部有权安排合并召开。

第 3 章　会议准备

第 7 条　做好准备工作

所有会议主持人和召集单位与会人员都应分别做好有关准备工作，包括拟好会议议程、提案、汇报总结提纲、发言要点、工作计划草案、决议决定草案，落实会场，备好座位、纪念品等。

第 8 条　按规定时间召开

会议应按规定时间准时召开，组织会议的部门会前应准备好会议议程及有关内容，并负责维护会场秩序。

第 9 条　会议要求

参会人员准时参加会议并签到，准备好与会议有关的资料，做好会议记录，对要求传达的会议内容要及时传达。

第 10 条　会议保密要求

会议涉及机密事件，所有与会者要严守保密制度，不得外传泄密，否则按有关规定处理。

第 11 条　会议监督

会议形成的决议应由牵头部门及时书面通知有关执行部门，并负责监督落实情况。

第 4 章　会议记录

第 12 条　会议记录原则

会议记录遵照"谁组织，谁记录"的原则，如有必要，主持人可根据本原则及会议议题所涉及业务的需要，临时指定会议记录员。

第 13 条　会议主持

公司总经理主持的企业例会、临时行政会议，原则上由集团总经理秘书负责会议的记录工作，集团总经理另有规定的，依据集团总经理指定的办法实行。

制度名称	会议管理制度	受控状态	
		编　号	

第 14 条　会议记录员应遵守的规定

1. 做好会议的原始记录及会议的考勤记录，根据需要整理《会议纪要》。

2. 对会议已议决事项，应在原始记录中括号注明"议决"字样。

3. 会议原始记录应于会议当日、《会议纪要》最迟不迟于次日呈报会议主持人审核签名。

第 5 章　会议室管理

第 15 条　会议室统筹管理

会议室由行政管理部指定专人负责管理，各部门如因会议需要使用会议室，须事先向行政管理部申请，由行政管理部统筹安排。

第 16 条　会议室卫生管理

会议室卫生由行政管理部安排人员负责，在每次会议召开前后均要打扫卫生，并做好日常保洁。

第 17 条　会议室设备管理

会议室电子设备的管理、使用和维护由专人负责，其他人不得随意操作，否则造成设备损坏应按原价予以赔偿。

第 6 章　附则

第 18 条　本制度自发布之日起开始执行。

第 19 条　本制度的编写、修改及解释权归人力资源部所有。

执行部门		监督部门		编修部门	
编制日期		审核日期		批准日期	

第8章

目标管理中的目标输出技巧

在目标管理中，目标输出的水准影响着分解目标的完成水准。输出越是精准，分解目标就越容易完成。管理者应掌握目标输出的技巧，确保准确传递项目课题内容，从而帮助子公司、下属部门更好地理解分解目标，明确推进方法。

8.1　项目课题管理要求

项目课题的管理，包括任务导出、文件夹管理、课题输出和推进等内容。企业应根据科学原则，采取正确方法，对项目课题设置管理要求。

8.1.1　任务导出方法

企业应围绕总目标形成任务课题，并列出具体任务内容。不同部门作为项目课题承担方，应首先从任务内容中选定与本部门工作相关的任务内容，然后导出。

部门应选择以自身为承担主体的任务，并清楚列举课题名称、内容和部门，形成 Excel 表格，便于直观了解本部门承担的任务。

8.1.2　文件夹管理技巧

为保证不同部门能准确接收和了解课题输出的任务内容，企业管理者应指导不同部门，建立任务文件夹，并正确命名文件夹。

课题任务文件夹管理的内容和技巧如下。

1. 建立和命名文件夹

不同部门应以"部门课题目标"为命名规则，建立部门课题任务文件夹，如"降本增效课题项目"。

图 8.1-1 所示为建立和命名文件夹步骤。

图 8.1-1　建立和命名的文件夹

建立和命名文件夹步骤中，设立文件夹，形成初步的课题项目文件管理基础。

2.　建立和命名子文件夹

根据课题内不同分解目标，设立围绕不同目标的文件夹。如在"降本增效课题项目"文件夹内，可设立四个分解文件夹，分别简易命名"提高生产率12%""水电耗降低8%""设备费用降低8%""辅材及耗材比例降低5%"等。

图 8.1-2 所示为建立和命名子文件夹步骤。

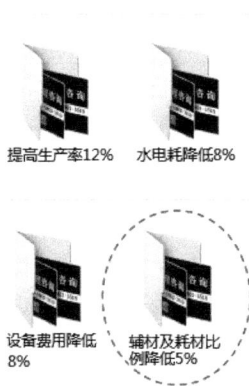

图 8.1-2　建立和命名子文件夹步骤

管理者应进一步建立和命名更多子文件夹，体现课题的具体分解内容，作为推进任务的纲要。

3.　设立总计划PPT

在不同任务的文件夹中，首先列出该分解任务课题的立项总计划PPT。例如，

"辅材及耗材比例降低 5%"文件夹中，应先设立立项总计划 PPT，其文件名称
与该文件夹名称相同。

4. 设立月计划 PPT

每月分别新建一个 PPT 进行管理，"辅材及耗材比例降低 5%3 月"等，便
于每月工作的规划和执行。

图 8.1-3 所示为课题总计划和月计划 PPT。

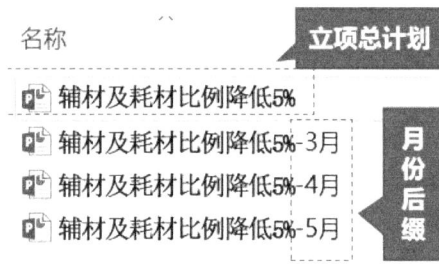

图 8.1-3　课题总计划和月计划 PPT

课题总计划和月计划 PPT 设立后，将能从时间轴上和任务量上，对课题做
进一步分解。

8.1.3　课题月输出方法

在构建好文件夹结构后，各部门应遵循结构逻辑，依月份输出课题改善内容，
逐步完善整体的课题内容。具体方法如下。

1. 新建月度课题报告

从已有月度课题报告文件中，选择最新月份的文件，复制为当月的课题报告，
并更改文件名称。例如，将"辅材及耗材比例降低 5%（5 月）"的文件复制并
更改文件名，形成"辅材及耗材比例降低 5%（6 月）"的文件。

2. 更新内容

更新最新月度课题报告文件内容，使之体现实际情况，符合进一步推进课

题的需求。

（1）更新课题推进目标。更新最新月度的指标达成情况，包括应完成的数量、实际达成的数量、达成率等。注意在更新课题推进目标时，应采用与之前各月度统一的计算公式。

（2）当月推进内容。记录当月获得改善的问题，并列明下一月度的计划，形成当月改善课题的输出内容。

（3）如果存在当月未能完成的改善课题内容，应对未改善的原因进行积极分析，并列举总结，形成后续计划。

通过上述步骤，可形成课题月度输出内容。通过课题月度输出内容的整理与完善，课题报告将不断产生新的价值。

8.1.4 课题推进目标

在课题月度输出内容中，课题推进目标的月度完成情况是管理者应予以指导、评价的重点部分。

表 8.1-1 所示为课题推进目标。

表 8.1-1 课题推进目标

	2019 年	2020 年											
	平均	1 月	2 月	3 月	4 月	5 月	6 月	7 月	8 月	9 月	10 月	11 月	12 月
目标		38	41	52	39	32	32	34	31				
实绩		21	29	64	31	39	32	26	26				
达成率		181%	141%	81%	126%	82%	100%	131%	119%				

在表 8.1-1 中，已列出 2020 年 1 ~ 12 月每月应完成的机器加工可控费用降低目标，并列出 1 ~ 8 月的达成率。在 9 月的课题推进输出内容中，应首先填写当月完成的实绩，在计算达成率后，对该课题推进目标内容做出及时更新。

对课题推进目标的统计和展示，既要遵循课题总体目标的分解要求，也应突出实绩变化，并及时根据变化更新，用以保证上下级之间的充分沟通和信息对等。

8.1.5　当月推进内容输出

当月推进内容是目标分解为课题后输出的重点。只有对当月推进内容进行具体描述、总结、归纳和分类后，具体负责推进的部门才能明晰已有的改善点，并确立新的改善目标。

图 8.1-4 所示为当月推进内容输出。

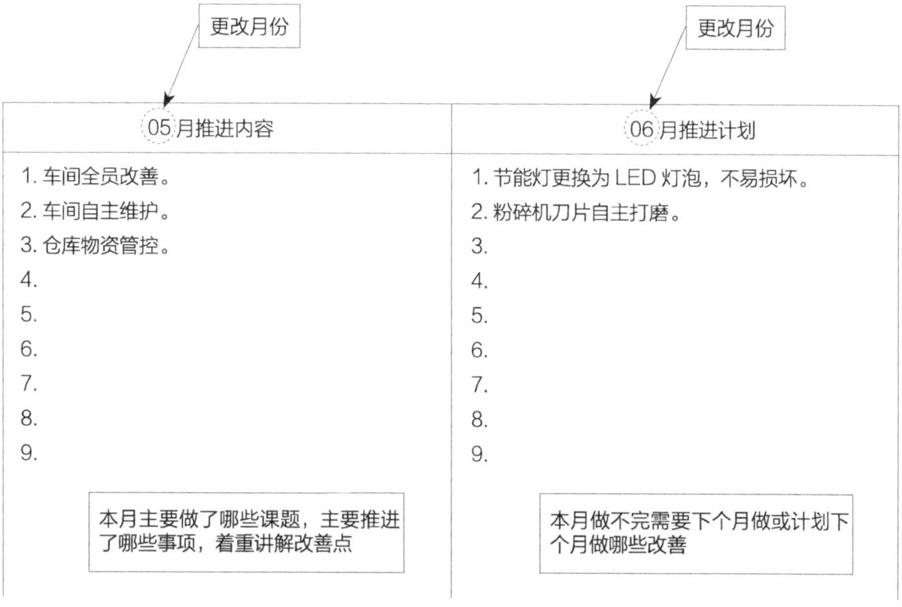

图 8.1-4　当月推进内容输出

在当月推进内容输出过程中，首先应更改原有模板的月份，用当月和下一月的时间替换原有模板时间。随后再将本月为课题而推进的改善事项，列入"当月推进内容"栏目中，着重讲解改善点。

需要注意，改善点的展示应简洁直观。每个改善点的描述文字应限制在 28 字之内，采用"预备动作＋主体动作"的描述方式，如图 8.1-4 所示的"全员改善"和"车间"、"自主维护"和"车间"、"管控"和"仓库物资"等组合。

对当月无法完成的改善工作，应及时归入下月的推进计划中，并同样加以输出展示。这一输出内容既是总结，也是预测，能提醒部门下月的改善重点。

8.1.6　完成改善输出

在课题完成后，应进行改善情况与效果的确认和输出。表 8.1-2 所示为完成改善输出。

表 8.1-2　完成改善输出

改善主题	线边库零部件库存目视改善	改善人员	×××	分类	□ A 类：定量的效益改善 □ B 类：效果好，定性的效益改善 □ C 类：对现场有贡献的即时性改善
厂区	炼钢厂	完成日期	2021.5.10		

改善前	改善后

问题现象：
线边零部件放置方式与数量不便于日常存量、目视管理

改善对策：
根据消耗量、采购周期、市场环境等因素，制定线边库存量，分别代表最低库存、正常库存、最高库存，实现管理可视化；进行标识，并通过颜色

完成改善之后，应及时通过资料采集和记录，对改善效果进行确认。确认内容如下。

1. 成果情形

改善过程结束后，应及时收集和记录现场情形，可以通过数据或照片形式，对既定目标的成果加以保存。

收集和记录现场情形，应在课题调查的同等条件下进行。如果采用数据收集方式，就不能单纯采集一次，而是应反复确认其结果。

2. 改善成果的解释

在记录改善成果后，及时整理分类，并与改善前状态进行比较和解释。可通过数值解释在哪些部分取得了何种效果，也可利用图片、表格等可视化方式解释。

3. 对改善成果的分级分类方法

为保证改善的方法和成果具有紧密关联性，在输出前，需对改善目标予以分类。

可采用以下分类方法。

（1）定量的效益改善。此类改善成果可运用数量变化表示，呈现具体、明确的改善收益。

（2）定性的效益改善。此类改善成果以生产经营结果的变化对比表示，如产品质量、市场评价等，需具体描述问题现象、改善的对策和改善后的成果。例如，需要改善的问题为"注塑机机台限位开关打杆断裂"，而改善的对策是"用角铁自制限位开关打杆"，最终呈现的效果为"注塑机机台限位开关打杆恢复正常使用"。

（3）对现场有贡献的即时性改善。此类改善成果以现场的即时变化表示，其中主要包括可视性的改善。

为明确改善成果的具体水准，还应事先制订改善成果的评价标准，如可采用三级评级制，分为优秀、良好、合格等。当改善完成后，将之与具体的评价标准比对，确认达到何种水平。

4. 安全性

改善课题取得了较好效果，但在与课题有关的设备或作业等方面，还应确保改善后的安全性，并体现在输出内容中。例如，将设备或作业的安全性与改善前比较，对新的注意事项予以提醒。

8.1.7　未完成输出

在课题推进过程中，也会出现在内外因素影响下目标管理未能完成的情形。为便于寻找原因、明确责任，进一步深入推进课题，需要输出未完成情况。

表 8.1-3 所示为目标管理未完成分析及对策。

表 8.1-3　目标管理未完成分析及对策

任务关联	制造部　　机加　　陈 × ×		
任务名称	可控费用降低20%	05 月目标	66
改善指标	费用：38.2 → 31.9	05 月实绩	84
未达标原因分析	向后对策树立		
1.5 月份车间停机 9 天，故产量由 4 月份 365 吨降低到 214 吨，故吨当可控费用超出； 2.因 6 月份为产品收尾之月，故换模十分频繁，切屑液等易耗品使用量增大；	1. 减少停机数量，扩大车间产量； 2. 优化计划排产，减少换模次数；		

在课题推进过程中，未能达成预定目标属于正常现象。管理者应首先帮助中基层员工认识这一点，避免他们由于主观因素而不愿对目标未完成情形进行分析和寻找对策。

具体的输出过程，应遵循以下步骤。

1. 输出准备

在分析未完成目标原因并输出之前，应重点回答以下问题。

（1）目标是什么，包括目标的项目名称、中心问题、分配到具体部门的具体指标等。

（2）目标应达到何种程度，包括应达到的质量、数量和状态等。

（3）目标应由谁达到，包括负责人、参与人等。

（4）课题的时间因素，包括日程表、期限、起始时间点、预定计划表等。

（5）在课题执行过程中，采取了哪些措施、手段和方法，使用了哪些资源。

（6）实现了何种目标，包括对成果的检查与评价等。

（7）应如何看待已实现的目标，包括与奖惩安排相关的挂钩，以进入下一轮课程管理循环。

2. 输出角度

在对目标未完成情形进行原因分析和纠正预防过程中，应主要由未达标的部门负责输出，输出内容从人员、机器、物料、生产方法、生产环境等方面着手。

3. 输出分析

在围绕课题分析过程中，应重点针对那些能够改进的因素进行分析，从而确保下一次课题可以实现改善目标。为此，课题执行者必须在过程中随时跟踪目标的进展，发现问题并及时记录、协商和处理。对那些能够及时改正的负面因素，应在第一时间采取正确的补救措施，及时确保目标运行方向的正确。对那些无法在第一时间改正的因素，应及时衡量，判断其对目标未完成造成了何种程度的影响。

4. 输出内容

由于改善课题以目标达成为最终目的，考核评估也往往重结果、轻过程，这很容易让课题责任人重视目标的实现，而轻视过程中对不同因素的核算。尤其当课题的改善目标遇到困难，已影响目标实现时，责任人往往会采用一些应急手段或方法来掩盖，导致实现课题改善目标的成本不断上升。因此，管理者对课题改善未实现输出内容的检查，应进行更多强调基于事实、重视过程影响的分析。

例如，在表8.1-3中可见，未能完成目标的主要原因包括"5月车间停机9天，故产量由4月365吨降低到214吨，故可控费用超出"和"因6月为外贸产品收尾之月，故换模十分频繁，切屑液等易耗品使用量增大"。

在整理这些原因时，责任人不仅应指出原因，还应指出其是如何影响目标的，便于提出和树立新的向后应对策略。

8.2　重点工作管理要求

精益经营是帮助企业员工高绩效完成其工作的管理手段。通过提出和贯彻精益经营中重点工作管理要求，员工才能清楚上级希望他们围绕什么展开工作、工作要完成到何种程度、上级何时来进行检查评估等。

遵循重点工作管理要求，精益经营才能在目标分解和执行的过程中，形成完整系统。重点工作管理的各个环节不仅密切联系，而且会不断循环，形成持续的过程。其中，生产部和车间的重点工作输出、当月重点工作输出、未完成重点工作分析，都是不可缺失的环节。

8.2.1　生产部和车间重点工作输出

重点工作，即围绕核心目的而即将做出的事情。

不少企业在推进精益经营中的问题，在于仅通过管理者个人领导力和经验去推动改善，并未认识到精益改善过程中面临的阻力，所以难以确保执行者持续产生驱动力。强势的企业管理者可能会给下属不断施加压力，迫使他们完成改善任务。但是，这种压力很难层层渗透到基层，更无法充分调动员工的积极性和创造性。

改善是企业长期的管理和经营任务，必须通过有效的驱动机制，确保改善可持续。其中，生产部和车间重点工作输出是关键环节。

重点工作输出的本质要求，在于围绕目标形成愿景、决策，以达成企业的战略计划。目标对重点工作输出起着引领作用，其中生产部和车间重点工作输出则能起到提纲挈领的作用。生产部和车间重点工作输出，可以理清工作事项先后顺序，确定企业、各分公司、各子公司、各职能部门（包括车间）的工作目标，也能使企业管理者和执行者明确真正的重要工作。

表 8.2-1 所示为生产部重点工作。

表 8.2-1　生产部重点工作

6月			
工作内容	部门	负责人	完成状态
★ QCC 课题改善	××	×××	
★生产设备再次添加 4 台	××	×××	
★产品周转框定型制作	××	×××	
★产品的使用寿命提升	××	×××	
旧产品改造完成	××	×××	
人员技能水平培训	××	×××	
工厂车间布局改善	××	×××	
不合格产品下线	××	×××	
新型钢笔 180 平试产	××	×××	
产品故障率改善	××	×××	

续表

6月			
工作内容	部门	负责人	完成状态
工厂车间布局改善方案	××	×××	
确定最终最优方案进行扩展	××	×××	
部分车间设备再次添加确认	××	×××	
车间价格体系制定	××	×××	
车间一周一标杆项目启动	××	×××	

在整理生产部重点工作时，应明确工作内容、部门和负责人，并形成统一表格，便于登记完成状态。

表 8.2-2 所示为车间重点工作。

在生产部和车间的重点工作中，凡是月底必须输出报告，并上交企业的内容，都应予以显眼标记，如表 8.2-1 所示的生产部重点工作和表 8.2-2 所示的车间重点工作中，类似内容都以五角星标注。其他未标注的内容是企业管理者在精益点检中应重点关注的工作，企业可要求在精益周会上集中输出报告。

表 8.2-2　车间重点工作

车间重点工作		
★ QCC 课题改善	××	×××
产品故障率改善	××	×××
工厂车间布局改善方案	××	×××

在整个重点工作分解和执行中，要将重心放在团队。这并非意味精益经营不重视员工个人改善，而是单纯提升个人改善积极性相对容易，形成团队改善的氛围较为困难。精益经营管理成功的关键，在于将团队意识从上到下贯穿整个企业，而这离不开重点工作输出。

重点工作的制定和分解要团队来进行，推进工作要团队来执行，输出工作要团队来完成，未完成的重点工作也应由团队来继续改善。团队是生产部和车间执行重点工作的主要基础。

8.2.2 当月重点工作输出

精益经营的系统是否能有效执行，最终取决于企业的日常工作机制。关注每日、每周、每月工作内容，企业才能找到日常运营和精益经营活动的利益结合点，即日常运营和精益经营都有收益。前者使得企业的产品被认可、员工获得培养，企业获得利润，后者能让企业在改善中，获得更强有力的核心竞争力。当月重点工作输出能将两者充分结合并产生互动，最终形成氛围，让每个人都能以精益求精的价值观指导自身工作，形成企业的精益文化。

表 8.2-3 所示为某部门当月重点工作输出表。

表 8.2-3 某部门当月重点工作输出表

序号	工作内容	责任人	完成情况
1	完善办公现场 5S 管理，制定奖惩办法	×××	已完成
2	对 2020 年 ××× 手册进行修订完善	××× ××× ×××	已完成
3	"××××"课堂竞赛活动	×××	延期
4	2020 年度企业文化宣传工作先进集体及个人评比	×××	已完成
5	举办"端午""中秋"庆祝活动	×××	延期
6	植树节"×××"活动结果报告	×××	已完成
7	×××× 设计方案启动大会	×××	延期

在利用表格进行当月重点工作输出之前，应提前明确当月重点工作的内容、责任人，并了解完成情况。完成情况不应简单区分为完成和未完成，而应设计

为完成、延期、取消三种具体情况，便于划分差异。其中，延期可分为客观情况延期和主观情况延期，后者需要进一步对未完成重点工作进行描述、统计和分析，以确保在延期后能完成。

对已完成的重点工作，也可以利用报告和表格形式输出。

1．重点工作简要描述

在输出已完成重点工作时，应首先对工作内容进行简要描述。下面是某企业下属部门月重点工作结果报告的简要描述部分。

植树节"×××"活动结果报告

完成	延期	取消

3 月，开始执行"×××"文化主题活动——"×××"活动，主要内容是在公司挑选部分表现优秀员工，由公司安排联系园林公司，在公园进行植树造林工作，4 月植树节，在公司官网、微信平台、当地媒体等宣传平台进行有关宣传。

在"×××"活动结果报告的简要描述部分，突出了两大重点。

（1）完成状态的填写。报告中预设了完成、延期和取消部分，根据实际情况填涂，确保在月度工作整理过程中，管理者一目了然。

（2）活动意义、过程的描述。这便于后期总结月度工作。

2．重点工作输出成果

在活动结果报告中，所有完成的项目应具备相应的输出文件、附件内容。表 8.2-4 所示为重点工作输出成果。

表8.2-4　重点工作输出成果

序号	完成项目	输出物
1	活动实施方案	附件（电子文档）
2	当地媒体、微信等网络平台宣传	附件（图片）
3	活动宣传视频	附件（视频）

将重点工作成果以附件文档形式进行输出，简洁明了，能清晰地将复杂的附件与重点工作完成项目加以联系，并展现出二者内在的联系逻辑。

在重点工作输出成果时，需要注意以下事项。

（1）图片附件的组成形式。执行层在输出图片时，可以制作为PPT，使每张PPT呈现多张图片。

（2）附件文档的要求。重点工作大都采用信息化输出，附件文档为电子文档，因此需建立一定的规则。主要规则如下。

①提交时间。应在输出重点工作成果之前，将附件文档提交到负责重点课题的分厂、车间或部门重点工作管理员处。

②审核工作。应由目标管理员严格把关，及时发现错误问题，并要求执行部门更正后重新提交。

③确认提交。由目标管理员确认无误后，经过分厂、车间或部门负责人的确认，最终提交企业。

精益经营不只是一系列的工具方法，更是能持续改善工作的思想。只有从长远管理的角度，将精益思想、工具和管理手段，以月重点工作输出的方式融合到企业日常工作中，才能推动企业不断进步。

8.2.3　未完成重点工作分析

大多数企业的精益经营并不理想，主要原因在于对重点工作的分析有局限，尤其是对未完成重点工作的分析的重要性认识不够。

企业管理者在分解和布置完成重点工作后，认为很快就能建立重点工作体系。但经过一段时间后发现，重点工作体系只能解决一部分问题，而那些未完成的重点工作对企业经营、市场、研发、投资等领域的问题并未起到作用。

事实上，未完成的重点工作也应着重输出。输出，才能更好地暴露现有问题，揭示企业精益经营改善的重点方向。精益经营并不是独立存在的方法，应该和企业的日常经营管理工作相结合。逐步解决未完成的重点工作，注重体系建设，形成良好的制度和流程，企业就能形成自己的精益原则。

未完成重点工作分析主要通过未完成重点工作明细、未完成重点工作的原因等报告进行输出。

1. 未完成重点工作明细

未完成重点工作明细报告能直观展现出每个子公司、部门或车间在当月内未完成的所有重点工作，包括工作内容、部门、责任人、延期说明和延期将使用的对策等。

表 8.2-5 所示为未完成重点工作明细报告。

表8.2-5 未完成重点工作明细报告

序号	工作内容	部门	责任人	延期说明	对策树立
1	质量管理体系现场审核	体系办	×××	1.该项工作5月份部门已经延期; 2.仅有顾客满意度的管理目标、职责分配缺少、职能分配表与公司实际情况不符等	1.增加外部学员培训合格率; 2.加入部门对应的责任; 3.新增《受控文件清单》《记录清单》
2	两化换证	体系办	×××	1.所提供的换证资料不齐; 2.不在第三方认证的机构服务范围内	通过正规渠道再次确认认证服务机构,详细了解换证所需具体资料
3	安全审核	体系办	×××	与安全协会相关专家联系,对方表示能安排的时间只有8月初	已定好安全现场审核时间为8月9日

在未完成重点工作明细报告中，重要的内容包括对延期情况的描述和准备的后期对策。管理者应要求具体负责的部门、人员，对该部分内容深入分析和列举后，加以说明，确保管理者能了解实际执行情况中出现的问题，也能在随后延期执行中随时给予支持。

企业管理者需注意以下两点。

（1）延期情况的描述不包括未完成的主观原因。延期情况描述主要是客观列举、呈现问题，以帮助管理者第一时间看懂未完成重点工作的客观原因和目前情形。

（2）对策制订的内容应根据实际推进情况加以列举。如已经形成了具体、可量化的对策，就应具体表现。否则，应列举出不同的路径，由负责部门向管理者提供可选择的解决方案。

2. 未完成重点工作的原因

可利用表 8.1-3 所示的目标管理未完成分析及对策，分析未完成重点工作的原因。

管理者需注意，在分析原因之前，应对月度重点工作的执行情况进行总结，确定哪些工作已按计划完成、哪些工作未完成；随后再从机器、员工、计划、条件、资源支持、协同措施等方面，就未完成的重点工作加以分析，找出未完成原因，制订相应的应对策略；最后，再依据输出内容，对下月的重点工作计划进行修订和完善。

附4：会议纪要模板

×××有限公司9月目标管理月度例会

纪　要

时　间：20××年9月××日××:××—××:××

地　点：××会议室

到会人员：

请假人员：

主　持：

20××年9月××日9月目标管理月度例会如期举行，会上各职能中心负责人对上月项目课题及重点工作的完成情况进行总结汇报，顾问老师×××对汇报进行点评，董事长进行重要讲话。主要情况纪要如下。

一、目标管理相关情况通报

（一）上期作业完成情况：上期作业完成度为××%，超额完成目标。

（二）8月例会领导要求事项进展情况。

序号	事项	行动计划	责任人	确认人	完成时间	进度状况	备注
A—005	产品市场调研并反馈		××	×××	8 月 11 日		
A—006	针对反馈拟定整改计划	××	××		8 月完成		
A—007	相关人才的招聘		××	×××	8 月 11 日		
A—008	人员培训计划拟定	××	××		8 月 22 日		
A—009	调动人员工作积极性		××	×××	8 月 25 日		
A—010	对产品再次评估	××	××		8 月 28 日		
A—011	产品进入测试阶段		××	×××	8 月 30 日		

注：往后会议记录表参考此格式，每次会议最后议程是确认工作事项、完成人、时间节点；下次会议时，对上次记录的工作进行滚动管理；各单位内部会议也参考此样式进行管理。

3. 半年度战略指标达成情况

（1）节流××%：截至×月底，对比××年月均成本，下降××%，与目标相差××%；

（2）开源××%：截至×月底，对比××年月均销售额，提升××%，与目标相差××%。

4. 项目课题完成情况

区分		生产条线		销售条线		支持条线			合计
		××部门							
初始课题									
项目课题件数									
干部人均课题									
9月	达成								
	未达								
	达成率								
改善事例输出	6月								
	7月								
	8月								
	9月								

5. 重点工作完成情况

（1）重点工作点检结果汇总。

期数区分		重点工作数	完成率	按时提交率	评价状态			备注
					优秀	合格	不合格	
重点工作	3 月							
	4 月							
	5 月							
	6 月							
	7 月							

（2）重点工作数量汇总。

序号	部门	数量	未完	新增
1	生产部	8		
2	安全部	2		2
3	人资部	1		
4	技术部	8	2	
5	信息部	5		
6	财务部	6		
7	研发部	2	6	3
8	销售部	4		
9	设备销售	6		
10	安装售后	2	3	
11	华西销售	1		
12	设备维修	2	2	
13	××××	2		2
14	××××	3		
15	××××	6	1	
16	××××	4		1

续表

序号	部门	数量	未完	新增
合计		62	14	8

（3）重点工作汇报点评结果。

单位	责任人	编号	工作内容（带★工作项）	部门	负责人	完成情况	提交状态	结果评价			备注
								优秀	合格	不合格	
						完成	按时		√		
						完成	按时		√		
						完成	按时		√		
						完成	按时		√		
						完成	按时		√		
						完成	按时		√		
						完成	按时		√		
						完成	按时		√		
				××××分厂		完成	迟交		√		
						取消	迟交				
						完成	迟交				
						延期	迟交				
						取消	按时				

二、顾问老师点评

1.优秀。在目标管理的推进过程中，各单位的重点工作质量逐渐提升，尤其是一些单位逐渐开始用数据说话，这是成长的一大步；碰到问题不找借口，这是在推进目标管理工作中逐渐看到的变化，大部分单位已经开始主动思考，积极迎接挑战，思考如何解决问题。

2.不足。在项目课题推进方面还存在诸多问题。

（1）项目课题指标未达成分析过于笼统。

（2）项目课题缺少改善输出。

（3）项目课题结果报告未上报，也没有说明。

在目标管理推进中，项目课题是财务成果输出的主要体现方式，所以各单位内部如何提炼出更好的项目课题、思考项目课题如何达成是重中之重的工作。

三、董事长讲话

各位同仁，今天我就谈谈三点想法。

第一，专人负责，共同协作。

第二，围绕需求，换位思考。

第三，服务至上，提升质量。

四、待办事项汇总

序号	事项	行动计划	责任人	确认人	完成时间	备注

五、部门、车间目标管理月度工作一览表

步骤	事项	责任人	完成时间	注意事项
第一步	月度目标管理点检会	×××	每月5日-15日	各部门、车间自行组织，每月召开，及时汇报。领导小组定期检查
第二步	模块产品项目课题辅导会	×××	每月10日-18日（公司级会议前）	1. 提交各项目课题每月PPT情况； 2. 各部门每月轮流进行项目课题汇报和辅导，由顾问老师点评辅导
第三步	公司级月度目标点检会	×××	每月10日前	1. 部门负责人目标管理点检会汇报PPT（项目课题只汇报完成情况及未完成原因分析，重点工作完成情况及附件）； 2. 资料汇总发送给行政人资部
第四步	各自部门及目标管理室看板及时更新	×××	每月10日前	1. ○完成，○延期（圈内标注延期月份），○取消； 2. 如有新增的重点工作，需及时说明
第五步	目标管理系统及时更新	×××	每月10日前	1. 新增项目或重点工作在系统内走审批流程； 2. 目标管理系统内上传PPT不要大于30M
第六步	每月公司级目标管理例会	×××	每月10日-15日	1. 月会时间另行通知； 2. 未达标的工作事项，需在下月例会上重新汇报
第七步	领导讲话及反馈情况，调整重点工作及项目课题会议记录。	×××	会后	记录新布置事项，在次月目标管理例会上汇报

注：车间只需每月10日前提交点检材料，具体流程和格式没有具体要求，可参照总部流程执行。

×××有限公司

目标管理领导小组办公室

20××年9月××日

附5：月度点检会议模板

××××分厂月度点检会议

一、作业完成情况点检

二、经营指标达成点检

三、项目课题推进汇报

四、重点工作推进汇报

五、部门工作点检结果发表

六、问题检讨作业布置

××××分厂

目标管理领导小组办公室

20××年9月××日

附 6：目标管理点检问题跟踪表

×××× 目标点检问题跟踪表 ×× 年 ×× 月

会议时间：2020 年 10 月 10 日 8：30——12：00

会议地点：综合会议室

参与人员：董事长、总经理、部门经理、精益顾问

表示按计划完成项目				表示到期末完成
				表示延期完成项目或按期执行但执行结果未达成目标要求
				表示未到期项目

一、关键行动计划

序号	事项	行动计划	责任人	确认人	完成时间	进度状况	备注
A—001	工厂常年停电影响车间正常生产	升级电路电线等措施			10 月 15 日		
A—002	产品交付率 55%，设备异常影响 45% 的原因	设备问题分析，谁管理谁负责原则			10 月 15 日		
A—003	产品交付率 55%，员工不足影响 45% 的原因	招聘及离职人员状态的分析			10 月 15 日		
A—004	车间管理人员能力不足导致	拟定人员管理提升的解决方案			10 月 15 日		

续表

序号	事项	行动计划	责任人	确认人	完成时间	进度状况	备注
A—005	分厂运输过程导致产品间接损坏	如何解决在次月重点工作体现			11 月 15 日		
A—006	部分产品测试不合格	如何解决在次月重点工作体现			11 月 15 日		
A—007	安全知识的教育培训	由安全部进行培训实施			11 月 20 日		
A—008	支付宝、微信支付、信用卡等支付方式建立	由财务部门给出解决方案			10 月 15 日		
A—009	标准作业书制定下发操作人员	标准作业书制作、下发、培训落实			10 月 15 日		
A—010	新产品研发工作机制建立	联合研发部给出实施方案			10 月 15 日		

附7：目标管理辅导报告模板

×××× 分厂目标管理辅导报告

1. 上月作业报告

上月作业完成情况的报告如下。

（1）作业完成率情况。

期数区分		1期 3月	2期 4月	3期 5月	4期 6月	5期 7月	6期 8月	7期 9月	8期 10月	9期 11月	10期 12月	11期 1月	12期 2月	13期 3月	平均
后三周作业	计划数														
	完成数														
	未完成数														
	完成率														

（2）上月作业布置情况。

序号	内容	对象	完成时间	备注	完成情况
1					
2					
3					
4					
5					
6					
7					
8					

（3）上月作业完成情况。

序号	作业项目	输出	负责人	未完成原因	后续措施
1					
2					
3					
4					
5					
6					
7					
8					

2. 本月重点辅导事项

（1）部门辅导计划。

日期	时间	指导部门	指导项目	讲师	地点	状态	输出成果
2020 年 4 月 14 日（周二）	08:30—12:00	市场部	目标管理		会议室	完成	
	09:30—14:00	设备部	目标管理		会议室	完成	
	16:00—17:00	行政部	目标管理		会议室	完成	
2020 年 4 月 15 日（周三）	08:30—11:30	销售部	目标管理		会议室	完成	
	13:30—16:30	技术部	目标管理		会议室	完成	
2020 年 4 月 16 日（周四）	08:30—11:30	研发部	目标管理		会议室	完成	
	14:00—17:30	客服部	目标管理		会议室	完成	
2020 年 4 月 16 日（周四）	08:30—17:00	生产部	目标管理		会议室	完成	
		物资部	目标管理		会议室	完成	
2020 年 4 月 17 日（周五）	09:00—11:30	法务部	目标管理		会议室	完成	
	14:30—17:30	财务部	目标管理		会议室	完成	
2020 年 4 月 18 日（周六）	09:00—18:00	总经办	目标管理		会议室	完成	

参加人员：各职能中心分管副总、总监、副总监、各部门（科室）主要负责人、各职能中心目标管理员（原则上不得请假）

（2）目标管理工作拆解。以单位为中心开展经营目标管理工作拆解。在拆解过程中，注意区分重点工作和项目课题，确保合理拆解重点工作。

拆解结果格式为：共计重点工作 ××× 件，课题 ××× 件。

3. 优秀与不足之处

围绕成果与问题，寻找过程中的优秀与不足。

（1）参与的态度。如部门领导是否参与，是否因为其他工作而未参与，是否委托其他员工代为参与。

（2）执行任务的态度。员工是否以"做不了""今年太忙了""别人不配合"等为借口消极执行任务，对类似借口是否进行调查，以明确事实和责任。

（3）变革的态度。是否不重视重点工作和课题，是否均持有保守态度，是否不愿意应对挑战。

4. 管理心得分享

由董事长、总经理和各分公司、子公司的负责人、部门负责人，分享管理心得。

5. 后期布置作业情况

布置下一期重点工作和项目课题目标。

附8：月度重点工作计划及执行绩效督导管控表

月份		部门			提报人																															

序号	重点工作事项	责任人	完成期限	资源需求	资源提供部门	日期	1	2	3	4	5	6	7	8	9	10	11	12	13	14	15	16	17	18	19	20	21	22	23	24	25	26	27	28	29	30	31	是否完成
1						目标进度																																	
						实际进度																																	
2						目标进度																																	
						实际进度																																	
3						目标进度																																	
						实际进度																																	
4						目标进度																																	
						实际进度																																	

实施进程

续表

序号	重点工作事项	责任人	完成期限	资源需求	资源提供部门	实施进程			是否完成
						日期	1 2 3 4 5 6 7 8 9 10 11 12 13 14 15 16 17 18 19 20 21 22 23 24 25 26 27 28 29 30 31		
5						目标进度			
						实际进度			
6						目标进度			
						实际进度			

检查日期：

检查结论及整改要求	检查人：
部门负责人月度总结与分析	过程问题点
	未完成原因分析
	已完成成果展示
分管领导评价及意见	签名：　　　　日期：
总经理批示	签名：　　　　日期：

第9章

目标管理中如何总结实施成果

目标管理是使企业运营工作变被动为主动的有效手段，实施目标管理能够有效提高企业运营效率，并为企业绩效考核、项目改善、工作部署提供方向。而要目标管理充分发挥效果，企业就要分析与总结，找到企业进一步改善的方向，进而做好下一年度的整体规划。

9.1　实施成果总结

实施成果的总结是目标管理工作的最后阶段。该阶段的主要内容是对目标管理或项目课题的实施成果进行客观评价，并将评价与企业奖惩制度、绩效管理挂钩，促进企业精益经营，激励全体员工斗志，更好地推动总体目标或远期目标的实现。

9.1.1　目标管理奖惩制度优化

在目标管理中，大多数企业都会制定相关的奖惩制度。关于目标管理奖惩制度与传统奖惩制度的区别，企业也难以明辨，这往往导致目标管理奖惩制度失效。因此，在目标管理的实施成果总结中，企业必须做好奖惩制度的优化工作。

1. 奖惩制度的缺点

奖惩制度是激励员工跟随企业前行、践行企业战略的重要制度，但奖惩制度的制定失当，可能为企业运营带来负面效果。

（1）过分强调奖惩制度，会导致员工只重视个人表现，过度追求个人成就，忽视团队或部门合作。

（2）奖惩制度下的目标的难度不同，员工可能主动规避困难目标，选择更易实现的目标，以获取相应的奖励。

（3）某些工作成果难以客观衡量或难以体现，因而难以被纳入奖惩制度中，此类工作容易被员工忽视，导致企业发展失衡。

（4）被分配更难目标的员工通常处于劣势，而工作环境稳定且有工作经验的员工则容易占据优势，这就导致奖惩制度的不公平。

2. 奖惩形式的局限

很多企业目标管理奖惩制度简单表现为"奖金""罚款"。物质奖惩是一种直接有效的奖惩方式，但对员工而言，其在职场追求的不仅是物质报酬，而且，过多的罚款也容易引起员工的反感，使奖惩制度成为一种负激励。

在优化目标管理奖惩制度时，企业应注重奖励形式的丰富性，并注重正激励，慎用负激励。

（1）物质奖惩。物质奖惩主要指奖（罚）金，一般可按照月度、季度、年度进行奖惩，也可按照进度、目标兑现情况或经济效益进行奖惩。

（2）福利奖惩。福利奖惩主要指各类企业福利的增减，如休假、培训等。

（3）荣誉奖惩。荣誉奖惩的形式多种多样，如锦旗、奖杯、嘉奖、记功等，其关键就是赋予员工荣誉感，并激发其他员工奋斗。

（4）职业发展。职业发展同样是一种有效的奖惩形式，如破格晋升、不允晋升、晋升所需时间的增减等。

目标管理奖惩制度要融入更加丰富的奖惩形式，从员工需求出发，设计更具激励性的奖惩制度，以免奖励无法激发员工激情或惩罚削弱了员工积极性。

9.1.2 绩效管理制度完善下发

绩效管理制度是企业推进目标管理的重要制度支撑，而与目标管理一样，绩效管理制度的制定同样具有明确的目的性、有效的激励效果。为此，企业要依据目标管理实施方法，对绩效管理制度不断完善、再行下发。

1. 绩效管理制度的完善原则

绩效管理制度的制定要遵循以下五个原则。

（1）责任原则。目标管理是一种推动员工自我管理的管理方式，需要员工在自我管理、自我检查、自我控制中实现对应目标。因此，目标管理下的绩效管理制度应当明确责任主体。在员工自我控制失效时，企业应尽量采用启发式的方法，引导员工自行寻找原因和解决方法。

（2）关键因素原则。绩效管理制度不可能做到事无巨细、面面俱到，所以应关注关键因素的绩效考核，否则会浪费企业资源，降低绩效管理效率。

（3）例外原则。在员工自我管理的过程中总会存在例外事项，绩效管理制度则要做好例外因素的控制，将平常因素交由员工自行控制。

（4）标准原则。绩效管理制度需具备明确的标准，尤其是时间进度标准及目标阶段性达成的标准，避免难以做出有效判断。

（5）行动原则。绩效管理制度的意义并不在于考核本身，而在于发现偏差后立即行动。

2. 绩效考核频率的完善

绩效管理制度的核心内容就是绩效考核频率的制定。及时评估虽然可以强化评价效果，但耗费的人力、物力却占用过多成本，且完成目标通常需要时间，高频率的评价反而会诱使员工急功近利。

一般而言，绩效考核的成果评价次数无须过多，有期中评价、期末评价两次即可，其他时间则可只做检查、不做评价，对检查中发现的突出事例则可给予口头表彰、不做奖励，对明显问题则可引导寻找对策、不做批评。

3. 绩效管理制度的下发

绩效管理制度的下发并非发出即可，而是要与员工充分沟通，确保绩效管理制度得到员工认可，避免后续执行出现问题。在此过程中，企业也要掌握会谈沟通的技巧。

（1）营造和谐、融洽的会谈氛围，明确双方平等互助的立场，赢得员工的尊重与承诺。

（2）预先通知会谈目的、重要性及时间，使员工有所准备。

（3）保持会场安静，不受干扰。

（4）宣讲人应态度诚恳亲切，并激励员工多思考、多发言，在充分沟通中达成共识。

（5）保证时间充裕，避免草率沟通影响会谈效果。

（6）对会谈结果进行书面记录，以供日后遵行、检查与考核。

9.1.3 绩效奖励奖金模拟

绩效奖励奖金是激励员工实现目标的重要手段，其效果也更加直接、明显。为了确保绩效奖励奖金的设计合理，企业应做好绩效奖励奖金模拟，设定核实的计算方式。

1. 按个人工资比例计算

由于企业每位员工的岗位、职级均有不同，因此，个人工资可以作为有效的奖金计算基数，实现绩效奖励奖金的个性化设计。

一般而言，按个人工资比例计算的奖金计算公式为：绩效奖励奖金＝年工资 × 计提比例 × 目标系数 × 完成程度。

例如，某企业营业经理的年工资为 10 万元，其奖金计提比例为 10%，即其最高可得奖金为 10 000 元。表 9.1-1 所示是某企业营业经理的绩效奖励奖金。

表 9.1-1 某企业营业经理的绩效奖金

序号	目标	目标系数	最高奖金（元）	实际效果	完成程度	应得奖金（元）
1	甲产品销售额达到 120 万元	46%	4 600	150 万	100%	4 600
2	乙产品市场占有率提高到 30%，最低不可低于 15%	32%	3 200	12%	未完成	0
3	6 月底增设营业网点 4 处	22%	2 200	2 处	50%	1 100
合计		100%	10 000			5 700

由表 9.1-1 可知，该营业经理最终可以获得的奖金总共为 5 700 元。

2.　分值法

分值法以分值为计算基础，即每一分值对应多少奖金，如 1 分 20 元。员工可凭分值获得奖金。具体而言，企业可为每一目标设定相应分值，并按员工实际完成情况或考核结果给予相应分值，如员工最终考核得分 236 分，则其应得奖金为 236×20 ＝ 4 720 元。

3.　系数法

在分值法的基础上，企业也可结合员工岗位、职级给予相应加权系数，再计算分值，从而实现绩效奖励奖金的差异化。例如，专员的系数为 100%、经理的系数为 110%、总监的系数为 120%。

9.1.4　绩效考核与人力资源结合分析

目标管理的绩效考核不仅需要与奖励结合，还需要与人力资源结合分析，因为在员工的职业生涯中，奖励与升迁是员工实现自我管理和业绩提升的主要动力。

从目标管理的本意来看，企业正是通过将员工个人利益与企业目标相结合，根据目标执行成果对员工进行奖励、升迁，从而激励员工不断向目标前行的。在员工追求个人利益最大化的过程中，企业利益也随之实现最大化。因此，如果绩效考核不与人力资源结合，目标管理就将失去重要的激励力量，难以有效实施。因此，企业要注意以下要点。

（1）绩效考核内容和水平应有助于充分发挥员工能力。

（2）员工能力应适合其岗位工作。

（3）在目标执行过程中，上级应为下属提供充分有效的支持，如职权、情报、建议等。

（4）绩效考核应客观评估目标执行效果，针对未完成的目标则需要详细分析。

（5）确定升迁应有充分理由，且保证对其他员工是公平的。

总而言之，在绩效考核与人力资源的结合分析中，企业应充分做到客观公正，发挥绩效考核应有的作用。

9.1.5 项目课题改善评价优化

改善是项目课题的核心，而改善评价则是项目课题评价的核心。在对项目课题的实施成果总结中，重点就是详细展示改善效果，这不仅是为了验证项目课题的成效，也是为了在评价中总结出有效的方法论，以供其他员工、部门学习。

表9.1-2所示为某项目课题的工艺流程改善。

表9.1-2 某项目课题的工艺流程改善

改善主题	对叠层工序的工艺程序进行分解、整合，实现生产线平衡	改善人员		分类	A类：定量的效益改善 B类：定性的效益改善 C类：对现场有贡献的即时性改善
工序	自动化生产线加工	完成日期	6月30日		
改善前		工序与人员工作分配		改善后	
5人（左1，左2，右1，右2，右3）		总人员		3人（左1，右1，右2）	
由左1和右1协作完成（约40秒）		取料定位		由左1和右1协作完成（约30秒）	
由左1和右1完成（约3秒）		规范化放置		由左1和右1完成（约3秒）	
由左1和左2共同完成（约25秒）		尾部焊接		由左1完成（约50秒）	
由右1完成（约40秒）		上头部焊接		由右1完成（约40秒）	
由右2完成（约25秒）		下头部焊接		由右2完成（约25秒）	

改善前	工序与人员工作分配	改善后
由右 2 完成放置（约 50 秒）和由右 3 完成（约 15 秒）	头部隔离	由右 1 完成放置（约 15 秒）和由右 2 完成（约 45 秒）
由右 3 完成（约 8 秒）	标准张贴	由右 2 完成（约 8 秒）
由左 2 和右 3 协作完成（约 8 秒）	产品铺设	由左 1 和右 2 协作完成（约 8 秒）
由右 3 完成（约 15 秒）	胶带粘贴	由右 2 完成（约 5 秒）
由左 2 和右 3 完成（约 6 秒）	包装	无
改善效果	1.改善前工作量如下：左 1（68 秒）、左 2（39 秒）、右 1（83 秒）、右 2（75 秒）、右 3（52 秒）。改善后工作量如下：左 1（91 秒）、右 1（88 秒）、右 2（91 秒） 2.分解、整合工序，可以优化工作分配，实现生产线的平衡，减少员工等待时间的浪费	

9.1.6　项目课题总结编制指导

总结项目课题时，应对项目课题内容进行充分介绍，尤其是该项目课题的实施过程和改善方法。在具体编制过程中，项目课题总结应包含 4 项主要内容，如图 9.1-1 所示。

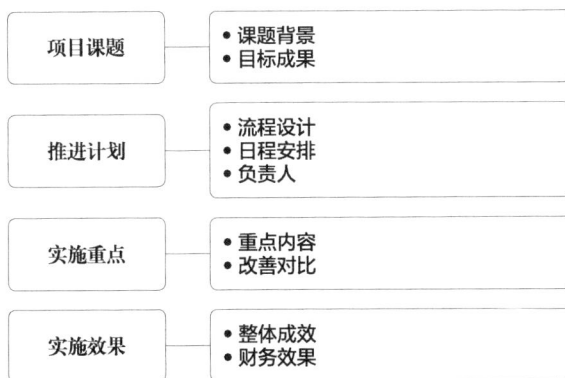

项目课题	• 课题背景 • 目标成果
推进计划	• 流程设计 • 日程安排 • 负责人
实施重点	• 重点内容 • 改善对比
实施效果	• 整体成效 • 财务效果

图 9.1-1　项目课题总结包含的内容

以项目课题"自动化生产线加工效率提升 45%"为例，其项目课题的总结内容大致如下。

（1）项目课题。该项目课题的目标成果即"自动化生产线加工效率提升45%"。

（2）推进计划。该项目课题的推进计划如表9.1-3所示。

表9.1-3 项目课题推进计划

项目课题推进计划		日程	负责人	完成状态
基础数据的收集	人员情况			
	人均日产量			
	工时的测量			
提效方案的完成	PPT制作，方案确定批准			
	改善方案			
改善后的跟踪	日报表输出结果			

（3）实施重点。该项目课题的实施重点包含电焊台改善、烙铁头改善、模板改善、工艺流程改善、半离线改善等，针对每项改善都需进行改善前后的主要参数对比，并对改善效果进行总结。

（4）实施效果。实施效果是对项目课题整体实施效果的总结，如表9.1-4所示。

表9.1-4 项目课题实施效果对照表

月份	5月	6月	7月	8月	9月	10月	11月	12月
实际值								
目标值								
原值								

9.1.7　项目课题财务效果核算

在项目课题的实施成果总结中，财务效果核算是核心内容，也是企业决定是否推广该改善方式的重要依据。

例如，某厂在"降低 ×× 组件不合格率"的项目课题中，经过充分的调查分析，确定了 3 个主要原因，即热处理变形、模具无排气孔、模具冒口小，并制订了针对热处理和模具设计的两大对策，对应生产批次分别为 AB-A-01、AB-A-02。

在当年 6 月到 9 月的实施测试中，某厂发现两组对策均实现了预期目标，如表 9.1-5 所示。某厂不仅将 ×× 组件不合格率从最初的 18.2% 降到了 5% 以下，其中，针对热处理的对策更是将不合格率降到了 1.43%。

表 9.1-5　某厂项目课题效果检查

批次	合格（件）	不合格（件）	不合格率（%）
AB-A-01	69	1	1.43%
AB-A-02	96	4	4%

基于这一实施成果，某厂对项目课题的财务效果进行了核算。

（1）AB-A-01 的 69 件产品本体得到重复利用，产生效益为 $280 \times 69 = 19\,320$（元）。

（2）AB-A-02 批次共生产 100 件产品组件，较以往少产生 14 件不合格品，产生效益为 $680 \times 14 = 9\,520$（元）。

（3）生产 100 件产品本体，节约一支车刀，产生效益为 365（元）。

综合计算得出，该项目课题实施期间生产的两批产品组件共产生经济效益 29 205 元。

9.1.8　项目课题成果发表指导

当项目课题成果得到确认，企业就应当指导员工发表项目课题成果。因为在目标管理中，选择、共享优秀课题不仅可以推进目标管理革新、增强目标管理活力，也可以横向展开课题，降低其他课题履行过程中的错误率，并更快取得改善效果。

在选择项目课题成果进行发表时，企业可以将项目课题分为两种不同类型。

（1）标杆性项目课题。标杆性项目课题具有优秀的实践成果，且企业能够从中总结出一套完整的方法论。标杆性项目课题的发表内容应以方法论为核心，使其对其他课题具有借鉴意义，推动其他课题项目成功率与效率的提升。

（2）横向展开的项目课题。此类项目课题不仅改善结果明显，且能向其他业务条线、部门甚至事业部扩散传播，发挥出更广泛的改善效果。

9.1.9　年度总结

年度总结是对年度目标管理效果的评估，也是对目标管理成果的验收，是实施成果总结的关键一环，因此，必须确保其具体、准确、真实和可靠。年度总结的主要内容一般如图9.1-2所示。

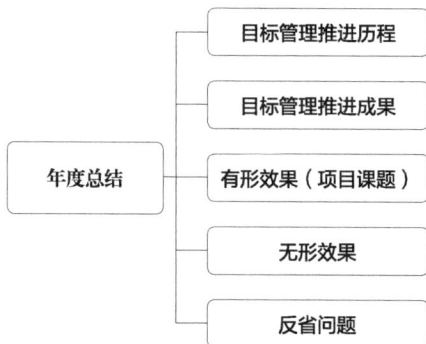

图 9.1-2　年度总结的主要内容

企业需要特别注意目标实绩评估、完成过程评估和目标执行人评估三个层面的总结。

（1）目标实绩评估，即绩效的高低或满意程度、偏差程度，如目标值为100，实际值为 102，则该目标的完成程度为 102%。

（2）完成过程评估，是对目标实施过程的评估，包括是否顺利、是否按进度推进、是否出现意外及处理意外的方法等，如企业为完成目标比预计多加了96 个夜班。

（3）目标执行人评估，是对员工个人能力的评估，包括工作能力、应变能力、处事方法以及在目标执行过程中能力是否提高等，如某员工在发现意外情况后应变灵活、处事稳健。

需要注意的是，年度总结不只是一次表扬会，同样也是一次反省会。企业必须在充分评估的基础上，对目标执行期间出现的问题或意外进行反省，挖掘问题原因并给出解决办法。

9.1.10　次年整体规划管理指导

目标管理是一个循环往复的过程，目标管理实施成果的总结是次年目标管理的开始。因此，在实施成果总结的同时，企业也要结合经营战略，做好次年整体规划的管理指导。

一般而言，次年整体规划主要关注三个改善方向。

（1）员工改善提案，即以"促进员工参与改善"为目标的个体改善活动。通过奖励措施，引导、鼓励员工时刻关注身边的问题，主动解决身边的问题。员工改善提案的持续开展，不仅能够提高员工认识问题和解决问题的能力，培养员工强烈的主体意识，企业也可能收获意想不到的创新成果。

（2）现场自主管理，即以"改善现场"为目标的现场改善活动。通过导入自主管理，规范和约束现场班组，以年度为周期，规划、实施以班组为单位的上台阶（由易及难、由表及里）改善。现场自主管理的持续开展，可以及时解决现场 5S、微缺陷、发生源及作业标准化等方面的问题，做到防患于未然，也为企业经营目标的实现提供保障。

（3）重点课题改善，即以"完成企业 KPI"为目标的绩效改善活动。由部门负责人和骨干员工组成部门改善小组，改善与企业经营绩效密切相关的重点课题，并对改善小组的改善活动进行有效管控，最终达成提高经营绩效的目的。重点课题改善活动的开展，可以让团队智慧聚焦于企业经营重点，强化企业发展推动力。

9.2　下年度工作规划

实施成果总结完成，即可看作一个目标管理周期的结束，但在企业的精益经营中，目标管理是一个循环往复的过程。因此，基于上一年度的实施成果总结，企业也要吸取经验，做好下年度的工作规划。

9.2.1　工作规划流程

企业应当从经营战略出发，立足部门职责，根据绩效指标，找到企业真正需要解决的问题，进而做出对应部署。工作规划流程一般包含四个步骤、六个任务，如图 9.2 所示。

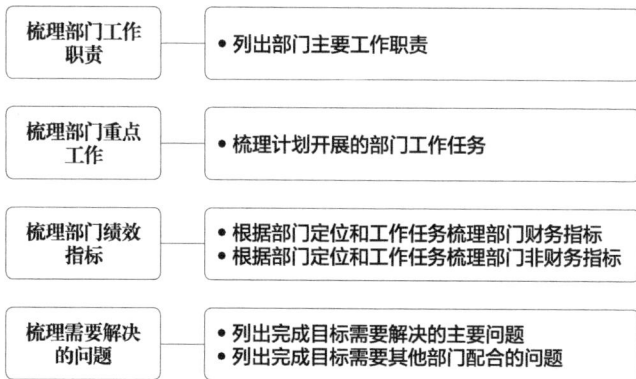

图 9.2　工作规划流程

从这四个主要步骤出发，工作规划的具体内容如下。

1.　梳理部门工作职责

在梳理部门工作职责时，企业应当对部门的工作职责、管理权限进行深入思考，并用规范的语言进行描述，从而更好地确定部门定位。

在此过程中，部门职责应当按照重要性排序，并列明每项职责的主要内容，区分部门是负全责、部分责任还是辅助责任。一般而言，一个部门的工作职责应当不超过十项。

2.　梳理部门重点工作

梳理计划开展的部门工作任务，就是确定下年度部门计划完成的主要任务及其完成方式。针对部门重点工作，企业同样需要按重要性排序，并明确每项工作的目的、效果、负责人、工作方式、工作标准及监督人。

需要注意的是，工作任务应当遵循 SMART 原则，即具体（S）、可量化（M）、可实现（A）、相关性（R）和及时效性（T）。具体而言，部门工作任务可按工作性质分为项目性工作和事务性工作，前者需强调完成时间并按时汇报进度，后者则需按月汇报工作完成情况。

3.　梳理部门绩效指标

梳理部门绩效指标就是将下年度工作任务分解为多个指标，并明确其权重和数量，从而引导部门员工按计划完成任务。在此过程中，企业也可将部门绩效指标分为财务指标和非财务指标两类。

（1）财务指标，主要考核部门的财务贡献，如利润、成本等。

（2）非财务目标，主要考核部门重点工作的完成情况，该指标主要由企业战略规划、经营计划分解而来。当企业结合各部门主要职责确定非财务指标后，各部门则要继续将其分解为可量化的指标，如工作量、工作时效等。

4. 梳理需要解决的问题

在明确部门绩效指标之后，各部门则需进一步梳理完成任务需要解决的问题。

（1）部门独自解决的主要问题。部门需梳理在管理、资源等方面存在的问题，明确哪些问题必须解决及如何解决，再在部门内分工，确保责任到人。

（2）需其他部门配合解决的主要问题，即为达成目标或完成任务需要其他部门配合解决的问题和障碍。对待此类问题，部门间同样需要充分沟通，明确相关责任部门及具体责任。

经过上述四个步骤的具体分析，各部门就可以明确下年度的重点工作及工作方式，从而将其整理成文进行部署。

9.2.2 工作部署模板

为了更好地推动下年度工作任务的完成，工作部署的内容应当尽可能完善，不仅需要包含计划工作内容、目标要求，也需包含工作状态及进度说明、具体工作时间节点等内容，如表9.2所示。在此基础上，企业也可根据自身需求增加配合部门／人员、量化数据、所需支持等内容。

表 9.2　工作部署模板

模块	序号	计划工作内容			目标 / 结果要求	工作状态及进度说明	具体工作时间节点
招聘与人才发展	1	组织架构 / 规划	组织架构	公司组织架构调整	优化组织结构	按照职能设置优化组织架构，组织标准化、组织标准规范	与相关人员的沟通；梳理与确定架构调整思路；根据领导班子及分工、年终竞聘规划等、内部竞聘绩效测评、调整各部门等的工作	3 月底完成整体调整工作
				公司组织架构确认	完成 2021 年公司组织架构图	组织架构确认后，根据新架构绘制架构图	4 月底完成
				编写各岗位说明书	完成岗位说明书制作	根据调整后岗位设置，调整岗位说明书内容	5 月底完成

续表

模块	序号	计划工作内容			目标/结果要求	工作状态及进度说明	具体工作时间节点
招聘与人才发展	1	组织架构/规划	年度人员需求分析	2020年人力资源情况分析	招聘能力、流失率、晋升	制定2021—2025年人力资源规划	总结上一年度人力资源情况，为2021—2025年人力资源规划提供数据支持	6月底完成
				管理干部	定岗定编	确定公司各部门编制	根据组织标准化要求以及定岗定编标准，确定编制及岗位人员	4月底完成
				车间管理人员				
				一般人员				
招聘与人才发展	1	组织架构/规划	行政信息系统	整体数据与报表一致	一体化管理	按照公司要求按期完成信息的录入审核和确定工作	根据公司要求实施	6月底完成

续表

模块	序号	计划工作内容			目标/结果要求	工作状态及进度说明	具体工作时间节点
招聘与人才发展	2	招聘管理	招聘渠道的拓展和维护	网络招聘 / 持续	招聘各岗位管理人员	根据编制以及部门人员需求以及开展招聘面试工作	8 月前至少到岗 1 名部门经理
				人才市场招聘 / 持续	招聘基层管理岗位人员	在招聘旺季根据招聘需求进行招聘面试	参加 2 场招聘会
				校企合作 / 持续	做好基层岗位	与技校实习生的引进推进工作	5 月前完成顶岗工作
				校园招聘 / 持续	为后台管理岗储备人才	按公司要求召开 2022 届高校毕业生网上双选活动	6 月前完成高校的校园宣讲及招聘会
	3	人员发展（梯队搭建）	管培生	联系院校发展专业一批相关的管培生借助网招、外招力量 / 2021 年 6 月之前到岗 5 名管培生	为后台管理岗储备人才	即日起，网招及外招力量，发展相关专业管培生，同行业联系招聘	2021 年 6 月之前到岗 5 名管培生

模块	序号	计划工作内容			目标/结果要求	工作状态及进度说明	具体工作时间节点
招聘与人才发展	3	人员发展（梯队搭建）	内部竞聘	建立内部岗位竞聘机制	岗位需求公告、组织评选、到岗后培训	通过内部资源整合，优化人员梯队，减少流失成本	推进编制和空缺岗位情况的梳理工作以及对公司内部人员的盘点工作	第2季度完成公司的竞聘岗位工作，第3季度完成内部人才库的建立
				建立内部可流通人才库	员工自荐			
					部门推荐			
					定期和员工沟通			
			培训	轮岗、晋升、竞聘	基于岗位说明书的标准设定培训方案	提升管理能力，搭建管理素质模型	邀请管理咨询专业培训讲师培训提升公司员工技能以及管理能力，并培养良好的心态，积极传播正能量	在1～2季度按照培训计划及素质提升管理重点开展培训，并完成的评估工作
				素质提升	服务、素质、自我修养	提升全员素质、文化水平，提高全员服务意识		

续表

模块	序号	计划工作内容		目标/结果要求	工作状态及进度说明	具体工作时间节点
	1	薪酬入账	与财务核对挂账明细	每月的挂账当月核对清楚	每月交挂账说明至财务	每月初
绩效与薪酬	2	薪酬与系统	与财务核对报表数据	确保和人事台账数据一致	年初按照要求与财务确定入账科目	每月 5 日前
	3	工资核算	工资相关数据提交及时性与负责人的绩效挂钩	确保工资相关数据提交的及时性	每月通报未按时提交数据的部门和责任人，在次月的绩效考核中扣减相应的分数	见工资相关数据上报时间点说明
人事关系	1	2021 年人力资源信息系统上线，所有入职、离职、调动、转正、退休信息在系统中录入及在系统中记录异动情况和导出表格		信息准确性增强	加快人员分类进程	2021 年第一季度末对系统中业务梳理完毕
	2	由于人力资源信息系统上线，需要加强对人力资源线条工作人员的培训	采用视频培训的方式，必要时到总部现场培训	人事线条人员熟悉并掌握简单系统的操作并积极配合总部人力资源部工作	人事线条人员积极配合提交人员异动资料，逐步改进存在人员审批手续提交不及时、不齐备等问题	2021 年第一季度末完成对人事线条人员对系统的培训

续表

模块	序号	计划工作内容	目标/结果要求	工作状态及进度说明	具体工作时间节点
	3	为保证人力资源信息系统上线后正常运行，2021年必须保证系统中的所有人员信息准确，保证人员数量的准确性	确保2021年人员信息和人员数量的准确性	梳理手工账和系统、人数及报表中人数，确保三者一致	2021年3月确保手工账和系统人数及报表中人数一致
	4	2021年度人事报表以及上报流程会做相应的变动	提高人事报表与系统的统一性	随时根据上级公司指示跟进	随时根据上级公司指示跟进
	5	规范劳动合同新签、续签的流程，加强对区域连锁用工风险的规避	加强对劳动用工管理力度，规避劳动用工风险	严格执行劳动合同新签、续签的流程	每个季度整理劳动用工，做好台账登记
	6	除正常签订劳动合同并缴纳社保员工，其他人员都需购买商业意外保险	购买商业意外保险保护劳动者的人生安全	与保险公司联系给符合条件未购买者购买商业意外保险	随时进行审查及时购买
人事关系	7	将各部门/线索人员编制以及缺编情况每月以分情况每月以PPT形式汇全公司通报。	确保2021年人员编制的准确性和人员配置的合理性	加强对人员编制的管控，优化人员配置	每月上旬行进通报

续表

模块	序号	计划工作内容	目标/结果要求	工作状态及进度说明	具体工作时间节点
培训	1	整理全年培训计划，安排公司级培训时间	按照既定计划推进落实	培训按月进行	每月
	2	对接技校 12 级实习生实习工作	合理安排人员，进行岗前培训	上岗前一个月，按课表上课	按 3 月课表按时上课培训
	3	新员工培训，实习生系统培训	使新员工对企业文化有深入了解，了解工作流程	新员工培训两月一次，实习生阶段考试每三月一次	按月进行
	4	在线学习平台的管控和考核	提升员工在线学习人员的理论水平，达到全员通过在线考核	根据相关的学习要求，完成相关课程考核	每月监督
	5	组织进行专升本学习，学期学习总结	提升高学历人才队伍素质	按照学习要求推进	学期考核
	6	全员公文与办公流程学习	熟悉办公流程，提升办公效率	通过日常办公检验	培训达成后，在工作中检验